최초의 서양 의사
드류 유대모

최은수 지음

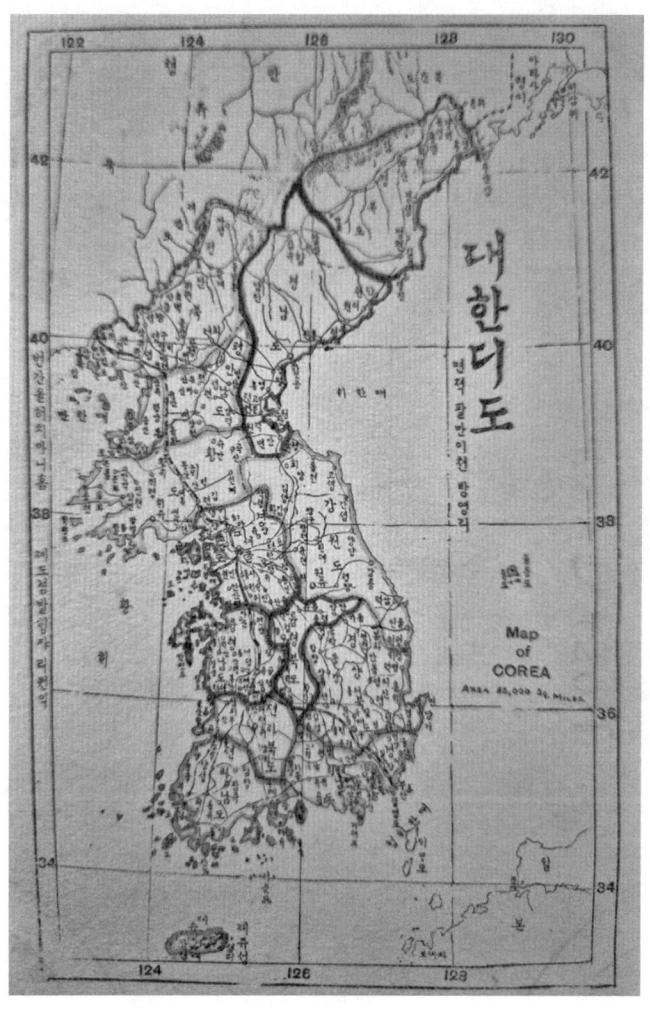

최초의 서양 의사
드류 유대모

좋은땅

역사는 역사를 낳고, 생명은 생명을 낳는다.
History Stands History, Life Carries Life.

기억하면 살고, 망각하면 죽는다.
Remembering Lives, Neglecting Dies.
記得生命, 忽略死亡.

-최은수-

알레산드로 다말 드류(Dr. Alessandro Damar Drew)
의사 선교사

루시 엑솔 로 드류(Lucy Exall Law Drew)
선교사

| 추천사 |

　알레산드로 다말 드류 선교사는 1893년 체이스 시티 장로교회(미 남장로교회)에서 파송한 호남 최초의 의사 선교사입니다. 군산 선교부에 소속되어 호남 최초의 근대식 의료 활동을 펼쳤습니다. 그에 의해서 첫 서양식 진료가 1894년 4월 4일에 전주에서 시행되었다는 사실이 놀라울 뿐입니다. 그런 맥락에서 1898년 11월 3일 매티 잉골드에 의해 시작된 전주 예수병원이 현재까지 미 남장로교의 의료 선교 역사의 실체로 이어지고 있음에 하나님의 계획과 섭리를 깨닫게 되어 옷깃을 여미게 됩니다.

　샌프란시스코에서 도산 안창호, 이혜련 청년 부부와 좁디좁은 자신의 셋집 사랑방에서 동거하며 도산 안창호 독립운동가를 보호하며 도왔던 사실은 현재 우리나라가 자유 민주주의 국가가 된 큰 공로자이기도 한 것입니다.

　또한 그의 시신을 버클리 대학에 해부용으로 기증한 것은 그 당시의 정서로 보아도 매우 이례적인 일이었습니다. 드류 선교사는 여러 이유로 다시는 한국으로 갈 수 없었던 현실에서, 화장한 후에 자기 몸의 일부라도 연기나 가루로 된 분신이 바람을 타고 가든 바닷물로 흘러가서라도 다시 갈 수 없는 한국 땅, 한국인을 향한 하나님의 사랑을 전달하려 했던 간절한 소원이 있었던 것입니다. 최근 마침내 최은수 교수가 미 남장로교 선교사들의 유지를 받들어서 이어지는 헌신적인 노력의 결실로, 그 후손과의 귀한 만남이 있었고, 그로 인해 유대모 드류 선교사의 유해가 한국 땅 호남으로 오게 되는 간절한 꿈이 이루어지게 되었습니다. 인도하시는 주님께 오직 감사와 영광을 올립니다.

김윤환 교수
한국기독의사회 회장 역임
고려대학교 의과대학 명예교수
2026년 세계의사치과의사 제주대회 조직위원장

| 추천사 |

　미국 남장로회 파송 최초의 의료 선교사 드류(Drew, Alessandro Damer, 1859. 7. 16~1926. 12. 11) 유대모(柳大模)가 1894년 내한하여 1901년 미국 귀국 후 고향으로 가지 않고 샌프란시스코항 검역소 검역의사로 선교지 군산으로 복귀의 간절한 염원을 안고 살았습니다. 124년 만에 최은수 교수의 추적 연구에 의해 구암동산에 세워지는 군산선교역사관 개관과 함께 그의 꿈처럼 한반도로 돌아오며 그동안의 베일을 벗고 세상에 나타나게 됨은 하나님의 은혜입니다.

　2023년 6월 12일 월요일 아침 출근길에 미국 샌프란시스코에서 대한민국 순천으로 아침 출근 중에 걸려온 최은수 교수님의 전화와 오전 8:32에 '축복합니다. 시간 되실 때 카톡 남겨 주시지요. 미국 서부 시간은 개의치 마시구요. 거의 밤을 지새우고 있어요. 빨리 군산 의료 글을 마치고 제 다음 일정이 있어서요'로 시작된 카톡 문자가 오늘까지 마르지 않는 강이 되어 서로 역사로 새겨지고 있습니다.

　코로나19 전 2018년부터 군산 휴내과 이강휴 선생님과 1902년 군산 의료 선교사 안력산(安力山, Alexander John Aitcheson Alexander, 1875. 8. 5~1929. 3. 10)의 후원으로 순천에 1916년 개원한 안력산병원을 키워드로 의료 역사의 지평을 넓히며 함께 한남대학교 인돈학술원 탐방과 최영근 교수 등과 교류하며 자연스럽게 군산의 드류와 순천의 노재수(Rogers, James McLean, 1892.2.14~1967.1.9)에 대한 상호 자료연구를 했습니다. 2020년 11월부터 故 박상은 안양샘병원 미션원장의 소개로 연결된 前 고려대학교 안암병원 영상의학과 김윤환 교수님이 퇴직 후 전주예수병원에서 인터벤션 신의료기술을 시술하며 한국기독의사회와 로제타홀 기념사업회 등 다양한 사역과 코로나19 팬데믹 상황에서 줌(Zoom) 화상을 통한 남장로회 지역별 선교부 소개와 강연을 통한 배움과 연결이 큰 바다를 만들어 가고 있습니다.

순천, 군산을 중심으로 최은수 교수님을 중심으로 다양한 현장 세미나와 2023년 9월 추석 연휴를 맞아서 아르메니아, 조지아 성지순례를 하며 환희와 눈물로 역사의 십자군이 되었습니다. 그 연장선상에서 2024년 4월에는 미국 남장로회 파송 선교사들의 출생지, 학교, 교회, 무덤, 유족들을 탐방하는 일정을 가졌습니다. 애틀랜타 공항을 기점으로 조지아, 테네시 채터누가, 버지니아, 노스캐롤라이나, 블랙마운틴, 리치몬드, 락힐 등에서 호남에 의사로, 간호사로, 교사로, 목사로 부름을 받고 달려왔던 선교사님들의 흔적을 현장에서 더듬으며 자료와 스토리의 퍼즐을 맞추는 영적 발걸음을 함께하였습니다.

2024년 4월 27일 토요일 오후 오기원(吳基元, Owen, Clement Carrington, 1867.7.19~1909.4.3)의 출생지 버지니아 할리팍스 카운티 메요 지역 집과 조부모 등 가족묘역에서 감동적인 시간을 가지기도 했습니다. 전날 로저스

묘역을 함께 방문하고 저녁식사를 준비하여 우리를 초대한 로저스 손녀 새논(Shannon Rogers Simpson) 교수 댁에 늦게 도착하여 남편 스콧(Scott)이 준비한 바비큐로 친지 가족들과 친교를 나누었습니다. 다음 날 주일 페이스 커뮤니티 교회(Faith Community Church)에서 언니 캐롤라인(Carolyn), 오빠 제임스(James) 가족들과 예배 후 점심친교를 했습니다. 최은수 교수는 멕클린버그 카운티에서 드류를 파송한 체이스 시티(Chase City) 장로교회를 중심으로 드류 선교사의 어릴 적 흔적을 고증하다 흡족한 미소를 머금고 오셨습니다. 버지니아 의대 선후배인 유대모와 오기원은 군산, 목포, 광주에서 의료를 통한 복음 전파를 하다 의사이면서도 건강의 벽을 돌파하지 못하고 생애를 마쳤습니다. 오웬은 1909년 광주 양림동 외국인 묘역에, 드류는 1926년 샌프란시스코 오클랜드 차임스 채플에 아내 루시 드류와 함께 모셔져 있었습니다. 최은수 교수님의 발품과 기도로 드류 박사의 평생 염원을 존중한 손녀 등 후손들이 한국 선교지로 유해 송환을 결정하여, 군산선교역사관 개관을 준비하는 가운데서, 태평양을 건너게 되는 감격스러운 여정의 기록이 이 책에 오롯하게 담길 것입니다.

축하드립니다! 하나님의 은혜입니다.

서종옥 박사
안력산의료문화재단 이사장
위앤장 서내과 대표원장

| 추천사 |

드류(유대모) 선교사를 알게 된 것은 인생의 나침반을 소유하는 것과 같았다. 그의 생각과 그가 몸으로 느끼며 머문 시선을 따라가고 찾고 찾으면서 그를 만나기 위해 10년 이상을 기다렸다. 1896년 드류 진료소에 대한 이야기는 어딘가 찾아야 할 보물섬과 같았다. 우연한 기회에 오마이뉴스 시민기자로 활동하는 조종안 선생님의 「군산의 첫 서양병원, '구암병원'에 얽힌 사연」을 접하게 되었고, 그 후에 송현강 교수님(한남대)의 『미국 남장로교의 전북 지역 의료선교(1896~1940)』는 드류(유대모) 선교사의 길을 따라가는 첫 시작이 되었다.

드류 선교사의 군산에 첫인상이 나의 시선을 멈추게 했다. 조그마한 어촌에 불과한 군산을 경험한 드류는 벅찬 기대감으로 "군산은 참으로 아름다운 땅"이라고 기록한다. 그가 본 아름다움은 무엇이고, 그가 느낀 아름다움은 무엇일까 궁금하여 그의 흔적을 찾아갔다. 드류 선교사가 군산으로 걸어온 길과 군산으로부터 걸어간 길을 찾는 데 나침반은 두 가지였다.

첫 번째는 드류의 사망 진단서는 군산까지 걸어온 길을 열어 주었다. 드류의 고향은 프랑스 노르망디에서 가까운 영국 해협의 섬들로 이루어진 채널제도의 건지 섬. 아버지 토마스 목사와 동생들과 청년 시절을 보낸 강과 호수로 둘러싸인 버지니아의 체이스 시티와 클락스빌, 의사로서 길을 만든 햄든시드니와 버지니아 대학. 그리고 결혼과 동시에 신혼여행을 하듯 조선을 향한 설렘으로 탄 '시티 오브 베이징'이라는 여객선. 42일간 펼쳐진 선교 스테이션 후보지 선정을 위한 답사길. 드류가 군산 오기까지 몸과 마음으로 느끼며 살아온 공간들은 고군산의 섬들, 금강과 만경강 사이의 메소포타미아, 주변의 호수들은 선교지로 군산을 정하기에 충분했고, 벅찬 아름다움을 느끼는 것은 당연하였다.

두 번째는 최은수 교수님과의 만남으로, 보이지 않고 드러나지 않았던 군산으로부터 새롭게 걸어간 길을 펼쳐 주었다. 영국 스코틀랜드 글래스고 대학교 교회사(Ph. D.)를 전공한 교수님의 전문성과 열정은 미국에서 한국으로 먼 거리 전화와 수시로 카카오톡을 통한 문자로 궁금한 질문들의 답을 통해 조금씩 드러나게 하였다. 한국어로 된 희귀 문서들을 보관한 케임브리지 대학 도서관. 샌프란스코에서 검역관으로 일하면서 도산 안창호와 조선인들과 함께한 이스트 오클랜드(East Oakland)의 셋집(렌트), 노심초사해서 찾은 재의 일부를 보관한 차임스 채플의 종합 장례 기관. 그리고 제2의 고향에서 만난 수많은 사람들.

드류(유대모) 선교사가 걸어간 길을 통해 그의 아름다운 영혼이 향하는 곳. 재(먼지)의 일부라도 바다에 뿌려져서 흘러 흘러 전라도 해안 선교지에 닿고자 했던 그의 사랑을 전달하기에 충분했다.

'역사는 역사를 낳고, 생명은 생명을 낳는다.'

이번에 담긴 책을 통해 드류(유대모) 선교사의 이야기는 전라도의 드류들을 낳았고, 드류의 아름다운 영혼은 또 다른 생명들을 품고 널리 널리 이어져 갈 것으로 확신한다. 이 책이 나오기까지 너무나 열정적으로 드류의 흔적들이 있는 현장을 직접 찾고 만나서 드류 선교사를 세상에 드러나게 하신 최은수 교수님께 진심으로 감사드린다.

이강휴 원장
군산시의사회 회장
드류-유대모 박사 기념사업회 이사장
군산휴내과 대표원장

| 목차 |

추천사　　8

제1장　들어가는 말(Preface)　　19

제2장　드류 박사에 대한 오해와 무지를 넘어서　　27

 2-1 오해를 넘어서　　28
 2-2 무지를 넘어서　　32

제3장　전라도와 그 민초들에게 가는 여정이 시작되다　　33

 3-1 청교도의 땅에서 출생과 성장: 영국 잉글랜드 남서부　　34
 3-2 미국 남장로교회의 중심에 서다: 미국 버지니아　　50
 3-3 소중한 동역자들과의 만남: 오웬(Owen) 가문, 캐링턴(Carrington) 가문, 루시 엑셀 로(Lucy Exall Law)　　72

제4장　전라도에 최적화된 사람이 오다: 인문학적 낭만 닥터, 유대모　　91

 4-1 준비된 사람: 드류 박사와 레이놀즈 선교사의 선교 스테이션 선정을 위한 답사 여행　　92

4-2 역사의 소용돌이 속에서 펼쳐진 서울 의료사역	106
4-3 군산 선교 스테이션의 중요성을 간파하다	123
4-4 군산 선교 스테이션 간이 진료소 및 약방 시대	129
4-5 건강 악화로 원치 않는 안식년을 떠나다	164

제5장 전라도 선교지로의 복귀를 꿈꾸며 미국에서 펼쳐진 선교사역   171

5-1 죽을 고비를 넘기다	172
5-2 케임브리지 대학에 한국교회 초기 문헌 기증	185
5-3 대한 독립을 위한 의의 길: 드류 선교사 없이, 독립운동가 도산 안창호도 없다	189
5-4 버클리 대학에서 학문 정진과 최후의 헌신, 시신 기증	206

제6장 나가는 말(Postlude): 먼지가 되어 바람에 날려, 바다로 흘러 흘러 전라도 선교지로   211

감사의 글	218

제1장

들어가는 말
(Preface)

'예수님에 대한 지식을 소개할 수 있는 사역자들이 필요합니다. 수많은 영혼들이 단 한 번도 그분에 대하여 들어 본 적이 없으며, 당연히 그분이 영생을 주시는 분이신 것을 알지 못합니다.'

-알레산드로 다말 드류-

✥

　전라도 최초의 서양 의사 선교사인 알레산드로 다말 드류(Alessandro Damar Drew) 박사에 대하여 알면 알수록 빠져드는 신기한 무엇인가가 느껴진다. 창조의 역사, 즉 시간과 공간이 만나서 이루어지는 사건들 속에서 역사적인 한 인물에 대하여 알아 간다고 하는 것은, 한편으로, 조심스러우면서도, 다른 한편으로, 매우 큰 보람을 느끼게 한다. 이는 시공간을 초월하여 인간의 존재 자체가 변하지 않으므로 어느 시대이건 상관없이 특정 인물에 대한 연구를 통해서 신앙과 삶의 교훈을 얻을 수 있기 때문이다.

　19세기 선교의 위대한 세기를 통해서 의료 선교의 중요성이 크게 부각되었다. 하지만 미 남장로교회는 다른 교단들에 비하여 늦게 시작하였다. 남북전쟁의 와중에 조직된 장로교 총회였기 때문에 내실을 기하는 것이 먼저였다. 미국 남부가 전쟁에 패배한 후 사회, 경제적인 구조가 취약해진 상태에서도 지상명령을 수행하기 위한 움직임이 서서히 나타나기 시작하였다. 1881년에 미 남장로교회 총회 역사상 최초의 의료 선교사를 중국에 파송하였다.[1] 중국에 이어 한국에 의사 선교사를 파송했는데, 그 인물이 바로 1894년 3월에 한국에 도착한 드류(유대모) 박사였다. 미 남장로교 의료 선교 역사상 두 번째이고 미 남장로교 한국선교부로서는 최초였다.[2] 그는 1894년 3월 13일부터 서울에 거주하였다.[3]

미 남장로교의 한국 선교(1892)는 일본 선교보다 약 10년 정도 뒤에 시작되었다.[4] 1891년 10월에 테네시주 네쉬빌에서 열린 전미 신학생 선교 연맹 모임에서 한국인 윤치호와 미 북장로교 파송 한국 선교사인 언더우드 선교사의 연설을 들은 남장로교 교단 소속의 신학생들이 큰 감명을 받고 한국 선교에 헌신하기로 작정하였다.[5] 그들은 미주리주 풀턴 출신이면서 당시 시카고 맥코믹 신학교 학생이던 루이스 테이트(최의덕), 버지니아 리치먼드 유니언 신학교의 학생인 윌리엄 레이놀즈(이눌서)와 카메론 존슨이었다. 당시 윌리엄 전킨(전위렴)은 모임에 참석하지 않았으나, 동료들과 함께 한국 선교를 위하여 헌신하고 총회로 하여금 한국 선교를

---

1) Sophie Montgomery Crane, *A Legacy Remembered* (Franklin 1998), 3.
2) *The Missionary*, October 1894; The Geneanet Community Trees Index for Lucy Exall Law Drew and Alessandro Damar Drew; Virginia, U.S., Select Marriages, 1785-1940 for The Drews.
3) U.S., Passport Applications, 1795-1925 for A.D. Drew.
4) Sophie Montgomery Crane, 'A Century of the PCUS Medical Mission', *American Presbyterians*, Summer 1987. 전주예수병원을 미 남장로교 한국선교부의 거점병원으로 발전시킨 폴 크레인(구바울)의 아내인 소피 크레인은 교단 총회로부터 의료 선교 역사에 대한 집필을 의뢰받고 크게 기뻐하였다. (Interview with Mariella Talmage Provost, 2012, Black Mountain)
5) Horace G. Underwood, 'Address', Report of the Twelfth Annual Convention of the American Inter-Seminary Missionary Alliance (Pittsburgh 1892), 53-54.

시작하도록 노력하였다.[6]

결국 호레이스 언더우드 선교사와 그의 형인 존 언더우드의 헌금 등 선교 헌신자들의 후원을 통하여 1892년 미 남장로교 해외 선교 실행 위원회는 한국 선교를 결정하였고 7명의 개척 선교사들을 임명하였다. 네쉬빌 총회에 참석했던 카메론 존슨은 총회 파송이 아니라 이스트 하노버 노회 파송으로 한국에 오게 되었다. 그는 이채연 주미공사의 부인 배선 여사와 리니 데이비스 독신 여성 선교사 등과 함께 1892년 10월 17일에 인천 제물포에 발을 디딤으로 미 남장로교와 관련하여 3인의 최초 내한자가 되었다. 배선 여사도 리니 데이비스 선교사의 미국 내 선교사역으로 버지니아 살렘 장로교회에서 1892년 7월 12일에 세례를 받음으로 미주 한인교회 역사상 최초요, 미 남장로교회 최초의 한인 세례자가 되었다. 배선 여사도 미 남장로교회 소속의 교인이었다. 윌리엄 레이놀즈 선교사 부부와 윌리엄 전킨 선교사 부부는 와병차 별도로 출발하였고, 일본 요코하마에 선발진으로 먼저 도착해 있던 루이스 테이트와 매티 테이트 남매 선교사 등과 함께 1892년 11월 3일에 한국 땅을 밟았다.[7]

미 남장로교 파송 최초의 의료 선교사로 한국에 온 드류 박사에게 필자는 다음과 같은 수식어를 붙인다. '전라도 최초의 서양 의사', '전라도 최초의 서양 의술 시행', '전라도 의료 선교의 아버지', '전라도 서양 의료의 아버

---

6) 최은수, 목포 기독교 근대 역사관의 배경 (서울 2025) 참조.
7) Ibid. 최은수, '최초 내한 셀리나 리니 데이비스 선교사와 배선 여사', 교회와 신앙, 2024년 3월 25일.

지'. 사실 현재까지 한국교회사 서술에서 전라도는 항상 변방이었고, 한국 근대사의 격랑 속에서 정치 경제적으로 더욱 차별이 심화되어 제대로 된 역사적 평가가 쉽지 않았던 것이 사실이다. 그 이후 많은 변화가 일어나고 미 남장로교 호남 선교에 대한 관심도 고조되고 다양한 서술들이 등장하여 학문적으로도 풍성한 결실을 맺기 시작한 것 또한 부인하지 못한다. 하지만 기존의 서술들이 목사 선교사 위주의 연구에 집중된 경향이 있고, 그와 비례하여 선교의 중요한 두 축, 즉 의료와 교육 분야에 대한 연구는 상대적으로 미진하거나 답보 상태인 것 같다. 물론 작게나마 그런 연구의 불균형을 바로잡으려는 시도들이 진행되고 있는 것 또한 반가운 일이기는 하다.

하지만 미 남장로교 한국 선교와 관련하여 선교사적으로나 교회사적으로 중요한 위치를 차지하고 있는 드류(유대모) 선교사에 대해서는 단편적으로만 언급되고 있는 경향이 강하다. 유대모 박사가 1893년 3월 13일부터 서울에 거주한 것을 기준으로 그가 1901년 말에 건강 악화로 의무적인 안식년을 떠나기까지 약 8년 동안 한국에 머물며 선구자적인 사역을 감당하였다. 이 기간이 결코 짧지 않음에도 불구하고 그에 대한 연구가 제대로 이루어지지 않은 것은 안타까운 일이 아닐 수 없다. 유대모 박사에 대한 포괄적인 연구는 2023년 5월부터 시작되어 6월 9일에 첫 결실을 보게 되었다.[8]

이와 같은 첫 결실을 시작으로 드류 박사에 대한 연구의 종합적 성과라

---

8) 최은수, '최초의 의료 선교사 다말 드류', *교회와 신앙*, 2023년 6월 9일.

고 할 수 있는 본 저작이 나오게 된 것이다. 필자는 미 남장로교 호남 선교 역사 및 전라도 교회사를 서술함에 있어서 '전라도사관' 또는 '호남사관'에 기초하여 기술해 오고 있다. 이는 필자가 미 남장로교 한국 선교 관련 연구를 시작하면서 처음부터 가졌던 의문을 해결하게 된 바로 그 정답인 것이다. 사실 전라도에서 은퇴하신 선교사 제위의 '우리의 이야기를 남겨 달라'는 유지를 받들어 시간이 나는 대로 조용히 그 역사 연구를 시작하면서 참으로 이해할 수 없는 사실들이 필자에게 충격으로 다가왔다. '왜 이렇게 훌륭한 인재들이 극동의 한 귀퉁이, 한국으로 왔는가?', '재벌 수준의 자제들이며 본국에서도 엘리트 중에서도 엘리트들인데 전라도로 왔단 말인가?', '특히 의사들 같은 경우 학력과 경력도 배경도 좋아서 얼마든지 본국에서 부귀영화를 누릴 수 있는데?' 이런 의문들은 연구가 거듭될수록 더 많은 의문을 불러일으켰다. 이와 더불어 전라도 땅과 그 민초들이 좋은 토대를 구축하고 있는 환경에서 헌신된 사역자들이 땀과 눈물과 죽음으로 사역하니 세계교회사에서도 유례를 찾을 수 없는 엄청난 결실들이 맺힌 현실을 표현할 마땅한 단어가 없었었다. 그래서 필자가 개척한 '전라도사관' 또는 '호남사관'은 오랜 체증을 단번에 해결하는 명약과도 같은 것이다.

기독교 '호남사관' 또는 '전라도사관'은 세계 장로교회의 본산인 스코틀랜드에서 시작하여 미국 남장로교회를 통해 호남에 뿌리를 내리며 결실한 '정통성', 여러 교단들과의 상호작용을 통해 융화된 '다양성', 삶의 자리에서 차별과 억압으로 체득된 '저항성', 뿌리 깊은 기독교 신앙에서 얻은 자신감으로 세상의 중심으로 나아가고자 하는 '도전성'이 핵심이다. 이런 기독교 전라도사관 또는 호남사관의 시각에서 한국교회사 전체를 아우르며 해석하고 서술할 때가 도래했다는 말이다. 그동안 한국교회사 서술은 선교사관, 민족사관, 민중사관, 신앙고백사관, 세계교회사관, 개혁주의사관, 복음주의사관 등 각각의 관점을 가지고 기술되어 왔다고 할 수 있다. 하지만 미 남장로교회와 호남 기독교를 중심에 놓고 전체를 서술한 경우는 거의 없다고 보아야 한다. 호남 기독교인들의 도전성은 수도권을 중심으로 확고한 위치를 점하고 있으며, 심지어 동서갈등의 현장인 경상남북도에서도 그들의 도전적 확산이 눈에 띄게 나타나고 있는 경향이다. 이제 신앙의 불은 북으로부터가 아니라, 전라남북도의 남으로부터 전국으로 확산되어 왔다고 해야 맞다.[9]

필자의 전라도사관은 미 남장로교 해외 선교 실행위원회의 규정대로, 그 규정에 입각하여 한국에 파송되어 온 선교사 제위의 정신을 존중하는 차원에서, 현지인이 주인공인 설정을 유지하며 전라도 민초들의 시각을 충분히 반영한다. 전라도 최초의 서양 의사인 드류 박사에 대한 서술도 그가 목숨을 다해서 섬기려고 했던 전라도 사람들의 관점에서 보게 될 것이다. 그런 측면에서, 필자는 드류 박사의 배경을 설명하면서, '전라도와 그 민초들에게 가는 여정이 시작되다'로 소제목을 정한 것이다. 드류 선교사의 전라도 사역과 미국에서의 활동도 전라도에 모든 초점이 맞춰져 있다. 그가 미국에서 사역하면서 평생 염원하던 전라도 선교지로 복귀하고자 노심초사하던 내용까지도 말이다. 그는 인생의 마지막까지도 삶을 불태우며 먼지가 되어서라도 바람에 날려 전라도 선교지로 가고자 했으며, 그의 재를 담은 바닷물이 흘러 흘러 전라도에 닿고자 했다.

---

9) 최은수, 목포, 2025.

제2장

드류 박사에 대한
오해와 무지를 넘어서

'한국의 진주(Pearls)들은 크기가 탁월하고 나무랄 데 없이 고귀하여 수세기에 걸쳐서 아시아 전역에서도 명성이 자자했습니다.'

-알레산드로 다말 드류-

2-1

오해를 넘어서

미 남장로교회의 한국 선교 역사에서 드류 선교사가 차지하는 중요성이 결코 적지 않음에도 불구하고, 그에 대한 기록들은 체계적이지 않고 파편처럼 흩어져서 일목요연하게 볼 수 없는 형편이었다. 이런 모습들은 첫째로 원사료에 접근하기가 쉽지 않았기 때문이었을 것으로 생각된다. 둘째로는 드류 선교사가 사역했던 군산과 그 근방에서 전해져 오던 구전에 의존하다 보니 이런 결과로 나왔을 가능성이 다분하다. 원사료보다 구전에 의존하게 된 이유는 드류 선교사의 기록이 많지 않기 때문이다. 드류 박사가 서울에 도착한 1894년 3월 13일 이후부터 초기에는 선교 저널에 글들이 등장하지만, 군산 선교 스테이션을 개척하고 본격적인 의료 사역을 시작하면서 의료사역이 너무 바빠서 기록이 거의 없다.[10]

■ 갈등, 반목, 질시?

드류 선교사에 대한 오해 중에 내부적인 갈등과 반목이 있었다는 것이

---

10) *The Missionary*, September 1894 and after.

다. 이런 오해도 원사료 부족에서 기인한 것이다. 군산의 현실을 원사료에 기초해서 자세히 들여다보면 이런 오해는 금방 사라진다. 군산 선교 스테이션을 개척한 전킨 선교사는 복음사역, 드류 박사는 의료사역, 리니 데이비스 선교사는 여성과 어린이 등 소외계층사역을 감당하면서 효율이 높은 삼각편대를 완성하였다. 이들의 선교사역적 조화는 가히 모범적이었다. 이 세 사람과 전킨의 부인 메리 전킨까지 모두 동향인 버지니아주 출신이었다. 전킨 선교사는 크리스찬벅 출신이지만 부인 메리의 고향인 렉싱턴에서 대학을 나왔고 그의 가문 사람들이 거기에 모여 살고 있었다. 렉싱턴은 전라도 선교의 요람과 같은 곳이기도 했다. 전킨 가문과 레이번 가문을 포함하여 오웬 가문의 사람들이 렉싱턴에 살고 있었고, 렉싱턴으로부터 한국 전라도로 출발했던 선교사들도 전킨, 메리 레이번 전킨, 오웬(목사와 의사) 등을 포함하여 여럿이 있었기 때문이다.[11]

더군다나 렉싱턴과 크리스찬벅에서 가까운 버지니아 워싱턴 카운티의 아빙돈 출신인 셀리나 리니 데이비스 선교사에 대해서도 이미 알고 지내던 관계였다. 데이비스 선교사의 작은아버지인 제임스 데이비스 목사의 명성이 드높았고, 렉싱턴에도 잘 알려진 풀커슨 가문이 그녀의 외가였기 때문이다. 데이비스 선교사의 외가인 풀커슨 가문은 남부군에서 활약한 고위급 장교들이 있었고, 버지니아주와 연방 차원에서 활동하던 정치가들도 배출하였다.[12] 1892년에 한국 파송이 결정된 리니 데이비스 선교사

---

11) 최은수, 목포, 2025; 최은수, '미 남장로교 파송 메리 몬태규 레이번 선교사 연구', *교회와 신앙*, 2021년 2월 1일.
12) The Fulkerson Family Papers, Virginia Military Institute, Washington and Lee University.

는 주미공사 이채연의 부인인 배선 여사의 세례를 위해서 전킨 선교사와 협력하였다.[13] 배선 여사가 미 남장로교 최초 한인 세례자로 등재됨으로써 본격적인 한국 선교가 시작되기도 전에 데이비스 선교사와 전킨 선교사의 선교적 협업을 통해 귀중한 열매를 맺는 쾌거를 이루었다. 이는 서울과 전라도 군산에서 펼쳐진 모범적인 협력사역의 시작이었다.

삼각편대 중 의료사역을 담당한 드류 선교사도 버지니아 메클렌버그 카운티 출신이었고, 그의 부친인 토마스 드류 목사가 교단 전체를 아우르는 명사요, 영향력이 대단한 목회자였으므로, 그의 첫째 아들인 드류 선교사에 대해서도 모두들 익히 알고 있었다. 이렇게 형성된 군산 선교 스테이션의 삼각편대는 끈끈한 신앙적 유대로 사역의 효율을 높였다. 전킨 선교사는 건강 악화로 의무적인 안식년에 들어간 드류 선교사가 하루라도 빨리 군산으로 복귀하기를 간절히 소원하였다. 전위렴 선교사는 드류 선교사의 건강 회복과 빠른 복귀를 염원하면서, 드류 박사가 복귀하면 빨간 벽돌로 아름다운 병원을 건축하여 '드류기념병원(The Drew Hospital at Kunsan)'으로 이름을 붙이려고 자신의 복안을 공론화했다.[14] 그럴 정도로 군산 선교 기지의 유대는 시종일관하였다. 군산 선교 초기에 과부하가 걸릴 정도로 모두가 격무에 시달리고 자주 병치레를 했으므로 갈등과 반목이 생길 여유조차 없었다. 특히 전킨과 드류 모두 병증이 심화되어 갔으니 말이다.[15]

13) *Richmond Dispatch*, Sat, July 16 1892.
14) *The Missionary*, April 1902.
15) *The Missionary*, Feburary 1899.

■ 드류 박사의 부친 토마스 드류 목사와의 불화?

언제부터인지는 정확히 가늠하기는 어렵지만 미국 학계에서 호기심을 자극하기 위해서인지는 모르겠으나 한국교회 초기 역사를 기술하면서 갈등과 불화를 부각하려는 시도들이 종종 목격되었다.[16] 드류 선교사와 부친의 불화설도 원사료의 부족에서 나온 결과다. 필자의 연구가 시작되기 전만 해도 드류 박사의 배경이나 미국에서의 행적에 대하여 알려진 바가 거의 없었다. 그렇기 때문에 각종 루머들이 생겨난 것은 어찌 보면 당연할 일이었는지도 모른다. 이 부분에 대해서는 다음 장을 통해 자세하게 설명할 것이다.

---

16) Paul S. Cha, 'Unequal Partners, Contested Relations: Protestant Missionaries and Korean Christians, 1884-1907', *The Journal of Korean Studies*, Vol. 17, No. 1, 5-37; 최은수, *사심 40* (서울 2021), 69.

2-2

무지를 넘어서

교회사를 연구하면서 가장 주의를 기울여야 하는 부분이 객관성과 형평성이다. 원사료들을 근거로 필자가 드류 선교사를 연구하기 시작하면서 새로운 면면들이 오랜 세월의 적막을 깨고 현대의 무대로 속속 등장하기 시작하였다. 그러면서 요 근래 들어 심화되고 있는 이념논쟁의 과정에서 무지에 근거한 역사왜곡이 공공연하게 자행되었다. 그 와중에 드류 선교사도 본의 아니게 오해를 받게 되는 지경에 이르렀다.[17] 각 개인의 이데올로기를 정당화하기 위해서 엄연한 역사적 사실까지 왜곡한다면 역사 앞에 씻을 수 없는 죄를 범하는 것이다. 필자가 사필귀정한 내용은 1. 드류 선교사와 도산 안창호의 불화설에 대하여 기록을 근거로 바로잡았다. 2. 도산 안창호 선생이 전라도 사람을 배제했다는 지방색 논란도 전혀 사실이 아니므로 정정하였다. 3. 드류 선교사가 한국에서 보내온 민간 차원의 구제금을 투명하게 공개하여 분배했으므로, 도산 안창호 선생이 공금횡령을 했다는 주장은 전혀 사실이 아님을 밝혔다. 4. 도산 안창호 선생이 폭력을 행사했다는 주장도 드류 선교사의 관점에서 잘못된 것임을 분명히 증명하였다.

---

17) 최은수, '건국 전쟁 이승만, 안창호와 드류 선교사, 역사왜곡?', *교회와 신앙*, 2024년 2월 15일.

제3장

전라도와 그 민초들에게 가는 여정이 시작되다

'배 위에서 내려다본 전라도의 바다는 15피트에서 25피트 깊이인데도 바닥이 훤히 보이고 산호초와 조개들이 자리하여 아름답기가 이루 말할 수 없을 정도였고 무척이나 깨끗했습니다.'

-알레산드로 다말 드류-

3-1

청교도의 땅에서 출생과 성장: 영국 잉글랜드 남서부

■ 채널 아일랜드(Channel Islands), 건지섬(Guernsey), 저지섬(Jersey)

알레산드로 다말 드류는 1859년 7월 16일에 채널 아일랜드의 건지섬에서 부친 토마스 드류(Thomas Milton Damar Drew) 목사와 모친 앤 와이몬드 슬립 드류(Ann Wymond Sleep Drew)의 첫째 아이로 태어났다.[18] 그는 에드먼드의 세인트 존 원(St. John One of the Edmond)이라는 주소에서 출생하여 섬에서 유아기를 보냈다.

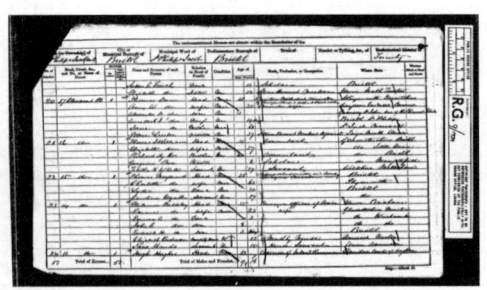

1861년 영국 잉글랜드 센서스 기록. 다말 드류의 출생

18) 1861 England Census for Damar Drew.

드류가 출생한 지 2년 후에 실시된 잉글랜드 센서스에서 볼 것 같으면, 부친 토마스 드류 목사가 근본 감리교회(The Primitive Methodist Church)의 목회자로 기록되어 있다. 1861년 센서스를 기준으로 드류의 나이는 2세, 부친은 25세였다.

태어나면서부터 드류는 존 웨슬레의 감리교회로부터 분리되어 초창기 정신으로 돌아가고자 했던 근본 감리교회의 분위기에서 성장하였다. 1807년을 원년으로 시작된 근본 감리교회는 존 웨슬레의 감리교 원리를 근간으로 제도화되기 이전의 순수한 감리교 운동을 복원하고자 시도하였다. 이 신생교단의 특징은 초기의 부흥 운동과 감리교 운동의 시절에 하던 야외집회를 활성화하여 하루 종일 기도회를 개최하고 찬송하고 설교하는 텐트 집회를 개최하는 것이었다. 이런 모임을 통하여 회심자들이 많이 생기자 지도자들은 기존의 감리교 교단에서 회심자들을 받아 주기를 기대하였다. 그러나 기성 교단에서는 사전 허락도 없이 개최된 집회를 인정하지 않았고 수용을 거부하여 결국 1809년에 근본 감리교회 교단을 창설하기에 이르렀다. 당시 신대륙으로 교인들이 대거 이주하자 1840년에는 미국 근본 감리교회를 조직하였다.[19]

■ 영국 잉글랜드 종교개혁과 청교도주의

비록 영국 잉글랜드의 종교개혁이 헨리 8세에 의해 다분히 정치적인

---

19) My Primitive Methodists: History and Ministers.

의도로 시작되었을지라도, 일단 기득권 세력인 구교회와 단절하고 국왕 자신이 교회의 수장이 되면서 엄청난 지각변동을 일으켰다. 1534년에 시작된 잉글랜드 종교개혁은 향후 순수한 신앙의 원칙들을 회복하려는 시도 속에서 청교도주의(Puritanism)로 발전해 갔다. 제네바의 개혁가 존 칼빈에게 지대한 영향을 주었고, 스트라스부르의 개혁가였던, 마틴 부처(Martin Bucer)가 잉글랜드의 왕인 에드워드 6세와 토마스 크랜머 캔터베리 대주교의 초청으로 케임브리지 대학교에서 왕립교수로 가르치면서 청교도주의는 더욱 공고해졌다. 16세기 종교개혁 당시 마틴 부처는 성령론의 대가였다. 그의 성령론에 영향을 받은 칼빈주의와 잉글랜드의 청교도주의는 역동성을 힘입어 신앙과 삶에 활력을 불어넣었다.[20]

다말 드류의 가문은 영국 잉글랜드의 청교도 전통에 뿌리를 내리고 있었다. 영국 잉글랜드의 청교도는 90% 이상이 개혁파(칼빈주의) 원리에 기반을 둔 장로교가 다수였고, 그 나머지 소수 청교도는 초기 형태의 오순절, 침례교, 성결운동, 회중교회, 독립교회를 지향하는 분파들로 이루어졌다. 전체적인 의미에서 청교도는 16세기 종교개혁적 대의에 뿌리를 두고 있어서 출발점은 모두 같다고 하겠다.[21]

---

20) The Book of Common Prayer, 1552; 최은수, 언약도 (서울 2003); 최은수, 장로교 정치제도 형성사 (서울 1997) 참조.
21) John Henry Overton, *The Church in England* (London 1897), 393 and after.

■ 신앙의 순수성을 지킨 비국교도(Nonconformists) 전통

청교도의 주류인 장로교와 비주류인 소수파를 막론하고 국왕의 교회 지배와 로마 가톨릭으로의 회귀에 반대한 청교도들이 국교인 영국 성공회를 거부하고 비국교도가 되었다. 드류의 가문은 비국교도 전통을 고수하였고, 비국교도 중에서도 청교도의 소수파에 더 가까웠다. 드류의 할아버지인 제임스 드류(James Drew)도 채널 아일랜드의 저지섬(Jersey)에서 비국교도 신앙을 고수하며 구두제작업을 하며 살았다.[22] 가문의 신앙적 분위기는 부친 토마스 드류 목사에게도 고스란히 전수되었다. 부친 토마스 드류 목사는 1826년 2월 7일에 태어났고 2월 26일에 영국 잉글랜드 도르셋의 웨이마우스(Weymouth of Dorset)에서 비국교도로 세례를 받았다.[23]

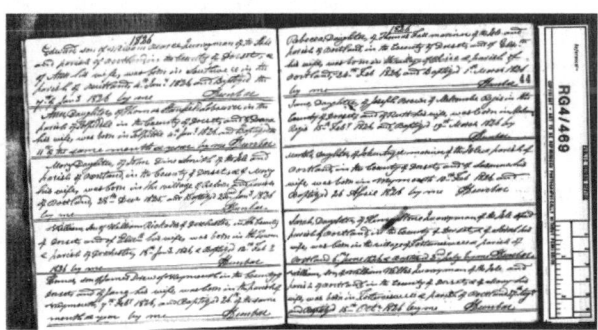

부친 토마스 드류 목사의 1826년 2월 26일 자 세례 기록. 비국교도 문서.

---

22) 1851 Channel Islands Census for James Drew; England & Wales, Non-Conformist and Non-Parochial Registers, 1567-1936 for James Drew.
23) England & Wales, Non-Conformist and Non-Parochial Registers, 1567-1936 for Thomas Drew.

국교인 영국 성공회든 비국교도이든 모두 청교도주의에 기초하였다. 다만 16세기와 17세기를 거치며 국교를 장악한 국왕의 전횡에 반발하면서 국교에서 이탈하여 비국교도 전통이 형성되어 왔으니, 비국교도들은 16세 종교개혁적 자유, 즉 신앙과 양심의 자유를 지키려고 헌신하고 희생한 사람들이었다. 미국 등 신대륙으로 이주한 사람들의 대부분이 비국교도이며 청교도 중에서도 소수파에 해당하는 이유가 여기에 있다.[24]

다말 드류의 부친 토마스 목사는 포괄적인 청교도 전통에 있었으며, 신앙의 자유를 지키기 위해 국교에서 나온 비국교도인 청교도였고, 기성교회인 국교의 영적 침체를 극복하기 위해 부흥운동을 일으킨 존 웨슬레의 감리교주의에 대해서도 풍부한 지식을 가지고 있었다. 더군다나 토마스 드류 목사는 감리교주의의 정신을 회복하려는 근본 감리교회에 소속되어 20대 초반부터 열정을 불태웠다.

토마스 드류 목사는 결혼 전까지 1849년에 매이드스톤(Maidstone), 1851년에 벅덴(Buckden), 1853년에 엑제터(Exeter), 1855년에 플리무스(Plymouth) 등으로 이동하며 사역하였다.[25] 그가 플리무스에서 사역을 마치고 1858년에 앤 와이몬드 슬립과 건지섬에서 결혼하였다.[26] 토마스 드류 부부는 부모를 비롯하여 가족의 기반이 있는 채널 아일랜드의

---

24) Mark A. Noll, *A History of Christianity in the United States and Canada* (Grand Rapids 1992), 30-38.
25) My Primitive Methodists for Thomas Drew.
26) England & Wales, Civil Registration Marriage Index, 1837-1915 for Thomas Drew and Ann Sleep.

건지섬(Guernsey)에서 목회를 이어 갔고, 첫 아이인 다말 드류를 낳았다.[27] 다말 드류가 태어나고 1년 후인 1860년에 채널 아일랜드의 저지섬(Jersey)에서 구두제작업을 경영하던 할아버지 제임스 드류가 54세에 하늘의 부름을 받았다.[28] 부친 토마스 드류 목사가 근본 감리교회의 특성상 자주 이동하며 사역을 해야 되는데도 홀로 된 제인 드류 할머니를 모시고 다녔다.[29]

- 청교도, 영국 성공회, 장로교, 감리교, 근본 감리교회, 성결운동, 침례교, 회중교회, 독립교회

부친 토마스 드류 목사가 몸소 경험했던 신앙의 전통들이다. 첫아이로 태어난 다말 드류도 소싯적부터 이러한 신앙적 분위기에 익숙하게 되었다. 청교도주의라는 포괄적인 우산 아래 다양한 신앙 형태들이 공존하는 환경에서 성장한 것은 다말 드류에게 큰 유익이었다. 부친 토마스 드류 목사가 소속되어 있던 근본 감리교회만 하더라도 다양한 신앙 전통들을 포함하고 있었는데, 그는 1865년부터 근본 감리교회가 아닌 독립교회(회중교회)에서 목회하였으니 굉장히 광범위한 경험이었다.[30]

---

27) 1861 England Census for Damar Drew.
28) The Geneanet Community Trees Index for James Drew.
29) 1861 & 1871 England Census for Jane Drew.
30) 1871 England Census for Thomas Drew.

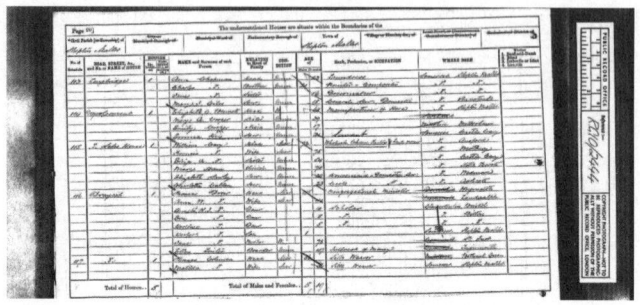
부친 토마스 드류 목사가 근본 감리교회에서 독립교회(회중교회)로 소속을 바꾼 기록

■ 쌍둥이가 쌍둥이를 낳고

1864년까지 브리스톨 근처에서 근본 감리교회 소속으로 사역하던[31] 부친 토마스 드류 목사가 1865년부터 아예 교단을 옮겨서 목회를 이어 갔다.[32] 당시 비국교도 전통에 있는 교단들은 목회자의 이동이 비교적 쉬웠던 것 같다. 토마스 드류 목사는 가족을 꾸리고 어린 자녀가 두 명인 데다가 다말 드류의 할머니까지 보살펴야 하니 이동이 잦은 순회사역을 하기에는 무리가 되었을 법하다. 부친 토마스 드류 목사는 '소머셋 독립교회 협회(The Somerset Association of the Independents of Great Britain)'에 소속되어 독립교회 또는 회중교회(The Independent Chapel in Shepton Mallet)를 담임하였다.[33] 쉡톤 몰렛에서 목회를 시작하던 1865년을 전

---

31) *The Bristol Mirror*, Sat, February 16 1861; *The Bristol Mercury and Daily Post, Western Countries and South Wales Advertiser*, Sat, August 17 1861.
32) My Primitive Methodists for Thomas Drew.
33) Shepton Mallet Hephzibah Chapel Records (Shepton Mallet Congregational Church), 1816-1961 for Thomas Drew, Somerset Heritage Center; *The Central Presbyterian*, Wed,

후하여 토마스 드류 목사 부부에게 일란성 쌍둥이가 태어났다. 쌍생아는 유전적 요인이 강하다. 토마스 드류 목사도 일란성 쌍둥이로 존 드류(John Drew)와 함께 세상에 나왔다.[34] 유소년 다말 드류의 쌍둥이 여동생들은 에바와 호르텐스였다.[35] 다말 드류의 막내 동생인 허버트 와이마우스 드류도 1869년에 여기서 태어났다. 토마스 드류 목사는 교단을 바꾼 이 어간에 딸 두 명과 아들 하나를 얻었던 것이다. 어린이 다말 드류

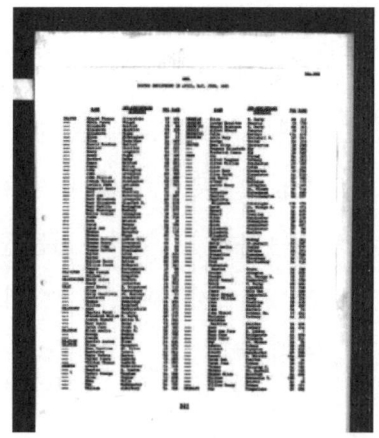

1865년에 일란성 쌍둥이인 에바와 호르텐스가 브리스톨 근처의 케인쉼(Keynsham)에서 태어났다는 출생 기록. 부친 토마스 드류 목사는 근본 감리교회에서 독립교회(회중교회)로 교단을 옮겼다.

에게는 이제 막내인 남동생 한 명과 세 명의 여동생을 갖게 되었다.

■ 정착 목회를 중심으로

부친 토마스 드류 목사가 1865년에 쉡톤 몰렛(Shepton Mallet)의 독립교회(회중교회)로부터 받은 청빙은 정착 목회의 꽃을 피우는 발아단계였고, 20대 젊은 청춘을 바쳐서 근본 감리교회 소속으로 순회사역에 온전히 헌신한 현장 목회의 또 다른 시작이었다. 그렇다고 한 영혼을 찾아 순회

May 28 1873.
34) The Geneanet Community Trees Index for Thomas and John Drew.
35) England & Wales, Civil Registration Birth Index, 1837-1915 for Eva and Hortense.

사역을 하던 불타는 열정이 사라진 것은 전혀 아니었다. 오히려 보다 안정된 목회 환경을 바탕으로 순회사역의 장점을 접목하여 조화를 이루어 나갔으니 토마스 드류 목사에게는 새로운 도전이기도 했다. 토마스 드류 목사에게 정착 목회는 20대를 지나 30대를 시작하면서 보다 성숙하고 영향력 있는 목회자로 성장해 가는 중요한 전환점이었다. 이 시점으로부터 토마스 드류 목사는 탁월한 설교와 강연을 통하여 폭넓은 영향력을 끼치기 시작하였다.

쉡톤 몰렛 독립교회(The Independent Chapel in Shepton Mallet)의 초청으로 목회를 시작한 부친 토마스 드류 목사는 임시적으로 교인들과의 적응과정을 1년 정도 가졌다.[36] 토마스 드류 목사의 담임목사 취임식은 1866년 4월 12일 목요일 오후 2시 30분부터 진행되었다. 먼저 여러 강사들이 발표하는 강연회를 시작으로 공식적인 저녁 만찬이 개최되었다. 저녁 6시 30분부터는 담임목사 취임식과 함께 연이은 강연들이 준비되었다. 토마스 드류 목사의 취임식에는 지역 유지들과 목사들이 대거 참석하여 행사를 빛내 주었다. 당시 만 6세였던 다말 드류에게도 인상적인 행사이었음에 틀림이 없다.[37]

---

36) *Shepton Mallet Journal*, March 9 and June 30 1865.
37) *Shepton Mallet Journal*, Fri, April 6 1866 참조.

토마스 드류 목사가 1865년부터 목회를 시작한 쉡톤 몰렛 독립교회(회중교회). 아직도 1801년에 시작된 독립교회라는 기록이 건물 외부 상단에 선명하게 남아 있다.

■ 주일학교운동, 절제운동, 대영제국 성서공회, 웨슬리안 해외선교회, 병원 건립, 교회 건립

부친 토마스 드류 목사가 정착 목회를 시작하면서 중점을 두었던 활동들이다.

1. 주일학교 운동은 현세대와 다음 세대를 신앙으로 교육하는 사역이었기에 토마스 드류 목사도 심혈을 기울였던 목회의 중요한 분야였다.

영국에서 시작된 산업혁명의 여파로 농경사회를 기반으로 진행되던 가족교회와 가족예배가 큰 도전을 받고 있었다. 산업화와 도시화로 생업에 바쁜 부모들은 자녀들의 신앙교육을 가정에서 제대로 시킬 수 없었다. 청교도주의에서 강조하는 두 바퀴, 즉 가족교회와 공교회의 균형이 깨지면서 그동안 가족교회에서 실시하던 신앙교육이 공교회로 넘어가게 되는 중대 분수령이었다.[38] 영국에서 시작된 주일학교 운동은 공교회의 중요한 사역이 되어 갔다. 토마스 드류 목사도 순회사역 위주로 진행되는 근본 감리교회 시절부터 주일학교 교육에 열심을 다했다.[39]

토마스 드류 목사가 독립교회(회중교회)에서 정착 목회를 시작하면서도 주일학교 교육에 심혈을 기울였다. 1866년에 어린이 다말 드류를 포함하여 99명의 남자아이들이 있었고, 다말 드류의 여동생인 아넷을 포함하여 102명의 여자아이들이 주일학교에 출석하였다.[40] 7명의 남교사, 13명의 여교사, 5명의 행정사역자까지 모두 25명이 주일학교를 위해서 헌신하였다. 1년 뒤인 1867년에 주일학교 학생 수의 변화는 거의 없었고, 대신 교회로부터 거리가 먼 지역에 주일학교 분교를 설립하여 22명의 학생들과 2명의 교사들이 열심히 가르치며 배우고 있었다.[41] 유소년 다말 드류의 여동생들인 아넷, 에바, 호르텐스도 주일학교를 통해 성경에 근거한 신앙과 삶을 배웠다. 1869년에 태어난 다말 드류의 하나뿐인 남동생

---

38) 최은수, *가족기도* (서울 2003), 5 이후.
39) *The Bristol Mercury and Daily Post, Western Countries and South Wales Advertiser*, Sat, August 17 1861.
40) *Shepton Mallet Journal*, Fri,, June 1 1866.
41) *Shepton Mallet Journal*, January 11 1867.

허버트는 너무 어려서 주일학교에 다니지 못했다.[42]

2. 부친 토마스 드류 목사는 쉡톤 몰렛의 독립교회(회중교회)에서 정착 목회를 하면서 '절제 운동(The Temperance Movement)'에도 참여하여 쉡톤 몰렛 금주자 연맹(The Shepton Mallet Abstainer's Union)과 뜻을 같이하였다.[43] 그는 사회적인 문제가 되고 있는 과음의 문제에 대하여 사회 계층을 막론하고 관심을 기울여야 하며 확고한 여론을 형성하여 관련 법령이 제정되어야 한다고 강변하였다.[44]

3. 독립교회의 토마스 드류 목사는 대영제국 성서공회(The British and Foreign Bible Society) 활동에도 적극 참여하였다. 토마스 드류 목사는 모든 세대에 걸쳐서 성경의 중요성이 절대적이기 때문에 그 어떠한 반대에도 불구하고 성서공회의 본질적인 사역에 최선을 다해야 한다는 입장을 분명히 했다.[45]

4. 웨슬리안 해외 선교회(The Wesleyan Foreign Missions)를 통한 해외 선교활동에도 폭넓게 참여한, 부친 토마스 드류 목사는 이 선교회 활동을 통해서 다양한 형태의 선교활동에 대하여 이해도를 높여갔다. 이 선교회는 당시에 통가를 비롯한 남태평양 국가들을 대상으로 선교사역

---

42) The Geneanet Community Trees Index for Herbert Drew.
43) *Shepton Mallet Journal*, March 19 1869.
44) *Ibid*.
45) *Shepton Mallet Journal*, March 15 1867.

을 활발하게 수행하였다. 특히 웨슬리안 해외 선교회는 의료선교의 중요성이 대두되는 현장의 요구에 부응하여 의료사역 지원에 적극적이었다.[46] 토마스 드류 목사의 해외 선교에 대한 동향 파악은 그의 첫째 아들 다말 드류가 장차 의료 선교사로 헌신하는 데 있어 소중한 밑거름이 되고도 남았다.

5. 해외 선교 현장에서 의료 선교의 중요성을 간파한 부친 토마스 드류 목사는 자신이 목회하는 지역마다 기존의 병원 후원과 의료기관이 없는 지역에 병원을 건립하는 일에 적극적이었다. 토마스 드류 목사는 브리스톨 순회구역의 근본 감리교회에서 사역할 무렵에 그 지역 병원을 위해서 모금한 후원금을 전달했었다.[47] 토마스 드류 목사는 병원이 없는 쉡톤 몰렛 지역에 의료기관을 건립하기 위해서 다방면으로 노력했다. 그는 지역 병원 설립을 위해서 목회자들과 교환 설교를 통해 동기부여와 기금을 마련코자 열심을 다했고, 지역병원 건립을 위한 모임에도 적극 참여하여 중요한 역할을 했다.[48] 부친의 의료기관 설립에 대한 관심 또한 유소년 다말 드류에게도 긍정적인 영향으로 작용했다.

6. 부친 토마스 드류 목사는 독립교회(회중교회)의 목회사역에 충실하면서 동시에 그가 몸담았던 근본 감리교회와 존 웨슬레 계열의 교회들, 그리고 여타의 신앙 공동체와도 활발하게 교류하였다. 부친은 이웃한 침

---

46) *Shepton Mallet Journal*, May 4 1866.
47) *The Bristol Mirror*, February 16 1861.
48) *Shepton Mallet Journal*, December 3 1865 and May 3 1867.

레교회의 건축기금 마련에도 적극 동참하여 설교와 강연 등으로 해당 성도들이 물심양면으로 헌신하도록 선한 영향력을 주었다.[49] 부친이 자연스럽게 실천한 형제교회들과의 친분은 교파 간 반목과 경쟁을 극복함으로 합력하여 선을 이루었고, 다말 드루에게도 신앙적인 측면에서 폭넓은 시각을 갖도록 만들었다.

■ 채널 아일랜드의 섬들, 영국 잉글랜드 서남쪽 해안선, 드넓은 평야

채널 아일랜드는 19개의 크고 작은 섬들로 이루어져 있다. 가장 큰 섬은 저지(Jersey)이며 다음으로 건지(Guernsey) 섬이 있다. 채널 아일랜드는 역사적으로 프랑스와 영국의 각축장이었다. 지정학적으로 프랑스에 더 근접해 있는데, 영국 왕의 보호를 받고 있으니 말이다. 중세시대 북유럽의 바이킹들, 즉 노스맨(Norseman)이 현재의 노르망디에 정착하였고, 바다를 건너 영국 잉글랜드를 정복하면서 채널 아일랜드도 노스맨, 즉 바이킹들의 통치를 받게 되었던 것이다. 노스맨(북유럽 바이킹)의 혈통이 영국 잉글랜드와 프랑스의 노르망디를 오랫동안 통치하면서 자연스럽게 프랑스의 일부가 영국 잉글랜드의 영토로 편입되어 있었다. 16세기 종교개혁기를 거치면서 프랑스가 노르망디를 포함한 현재의 영토에 대하여 온전한 통제력을 갖게 되면서 채널 아일랜드의 섬들이 양국의 관심사가 되었던 것이다.[50]

---

49) *Shepton Mallet Journal*, March 9 1965.
50) Heather Sebire and Charles David, *Extreme Heritage Management: The Practices and Policies of Densely Populated Islands* (Brooklyn 2012), 75 and after.

채널 아일랜드는 자연스럽게 영국과 프랑스의 언어와 문화가 뒤섞여서 고유한 분위기를 형성하였고, 세계열강들과 연결되면서 국제적인 면모까지 지니게 되었다. 드류 가문이 대를 이어 살아온 채널 아일랜드는 그곳에서 나고 자란 다말 드류에게 다도해의 아름다움과 정취, 그리고 국제적인 감각까지 느끼게 해 줄 수 있는 진정한 고향이었다. 초기의 성결 운동, 침례교 전통, 회중교회, 독립교회 등의 다양한 신앙의 면모들을 함축하고 있던, 근본 감리교회(The Primitive Methodist Church)의 목사인 부친 토마스 드류를 따라서, 유소년 다말 드류가 주로 영국 잉글랜드의 서남 해안을 보고 듣고 체험했으니 실로 의미 있는 경험이었다.

유소년 다말 드류는 다도해나 끝없이 펼쳐지는 해안만을 경험한 것이 아니라, 그에게 영국 잉글랜드 소머셋(Somerset) 지역의 광활한 평야도 어릴 적 추억의 일부였다. 부친 토마스 드류 목사가 영국 잉글랜드의 브리스톨(Bristol)과 바스(Bath) 주변을 순회하면서 사역을 펼쳤으므로 어린이 다말 드류도 자연스럽게 그런 환경을 접하게 된 것이다. 다말 드류는 1894년 전라도의 구석구석을 다니면서 자신이 나고 자란 환경과 너무나도 유사한 모습을 보고 경탄을 금치 못했다. 더군다나 토마스 드류 목사가 근본 감리교회에서 독립교회(회중교회)로 교단을 변경하면서 어린이 다말 드류의 종교, 역사, 문화, 지리 등을 포함한 인문학적 소양은 점점 더 깊어지고 다양해져 갔다.

이제 알레산드로 다말 드류가 영국 잉글랜드에서 출생하여 성장해 간 배경 설명을 정리하면서, 많은 자료를 뒤지다가 발견한, 부친 토마스 드류 목사의 간결한 외침이 인상적이어서 함께 나누고자 한다.

'성장하라(Grow)!'

-토마스 드류(Thomas Drew) 목사-

3-2

미국 남장로교회의 중심에 서다: 미국 버지니아

'자기중심적 이기주의는 모든 죄의 원천입니다.'

-토마스 드류 목사의 고별 설교 중에서-

■ **기대 반 우려 반: 송별식과 고별 설교**

청소년기에 들어선 알레산드로 다말 드류는 가족과 함께 미국 이민길에 올랐다. 부친 토마스 드류 목사는 1871년 11월 마지막 주일을 끝으로 섬기던 쉡톤 몰렛 독립교회(회중교회)의 담임목사직을 사임하였다. 그는 1871년 11월 26일 주일에 빌립보서 1장 27절과 28절을 본문으로 고별 설교를 했다. 그의 마지막 메시지는 복음의 정수를 설파하며 교회를 중심으로 하는 기독교인의 의무와 역할에 대하여 강조하는 것이었다. 아울러 신적인 사랑과 이웃 사랑이 상호 양립되지 않고 아름다운 조화를 이룬다고 힘주어 설교하였다.[51] 그의 고별 설교가 일간지 전면에 실릴 정도로 대중들의 반응이 뜨거웠다.

---

51) *Shepton Mallet Journal*, Fri, December 1 1871.

토마스 드류 목사는 신대륙으로의 이주를 준비하는 가운데서도 자신에게 맡겨진 목회적 사역을 소홀히 하지 않았고, 오히려 영국 잉글랜드에서 펼치는 마지막 사역이라고 생각하며 혼신의 힘을 다했다. 그는 한 교인의 장례식 설교에서 다음과 같이 외쳤다. "하늘에서 신적인 영접을 받기 위해서는 의로움의 상태를 유지해야 합니다. 의로움은 신적인 본성의 근본적인 기초이며, 신적 진리의 분명한 기초입니다."[52] 그는 평상시처럼 유아 세례, 결혼식 주례, 장례식 집전 등 목사가 해야 하는 고유의 직무에 충실하였다.[53]

청소년 다말 드류의 가족이 신대륙으로 이주를 하게 되자 그동안 부친 토마스 드류 목사와 친분을 유지하던 교회들을 중심으로 송별회를 준비했다. 각 고별 모임마다 토마스 드류 목사와 부인 앤 사모, 그리고 청소년 다말 드류를 비롯한 동생들이 함께하여 이별을 아쉬워하며 서로를 축복했다. 교파를 초월하여 각 교회의 성도들이 다말 드류 가족을 사랑하고 아꼈기 때문에 기대 반 우려 반의 분위기였다. 어떤 사람들은 다말 드류의 부친인 토마스 드류 목사가 복음을 전하는 목회직을 그만두고 세속적인 직업을 갖게 될지도 모른다고 걱정하였다. 이에 대하여 토마스 드류 목사는 자신의 단호한 입장을 다음과 같이 밝혔다. "나는 기회가 주어지는 대로 그리스도의 영원한 복음을 전하는 사역에 매진할 것입니다. 나는 그리스도의 사자가 되어 이 복된 사명을 감당하지 않고서는 절대 살아

---

52) *Ibid.*, November 24 1871.
53) *Shepton Mallet Journal*, June 2 1871; October 27 1871.

갈 수 없는 존재입니다."[54] 청소년 다말 드류를 포함하여 모든 가족이 듣는 앞에서 토마스 드류 목사는 변함없이 복음사역자의 길을 가겠노라고 선포하였다. 토마스 드류 목사가 사임한 후, 쉡톤 몰렛 독립교회는 약 5개월간 담임목사 부재의 공석으로 있다가 셰필드에서 사역하다 잠시 런던에 머물고 있던 조세린(A. F. Jocelyne) 목사를 후임 목사로 청빙하면서 안정을 찾아 갔다.[55]

■ 버지니아 최초의 회중교회 공동체를 세우다

청소년 다말 드류의 부친 토마스 드류 목사는 기회의 땅을 일구기 위해서 새로운 도전에 나섰다. 그는 삶과 신앙을 위한 터전을 준비하기 위해서 가족보다 먼저 버지니아로 출발하였다. 토마스 드류 목사는 자신과 뜻을 같이하는 회중교회 성도들과 함께 개척자의 길로 들어섰다. 그는 1872년 3월에 영국 잉글랜드 이민자들을 환영하는 모임에도 참석하였다. 영국 잉글랜드의 각 지역을 대표하는 이민자 대표들과 그 외의 인사들이 대거 함께한 자리였다. 토마스 드류 목사도 영국 잉글랜드 소머셋(Somersetshire)을 대표하여 자리를 빛냈다. 남북전쟁에서 북부군에게 패배한 정서 때문인지는 모르겠으나, 전쟁을 경험한 사람들의 발언은 여전히 흑인을 노예처럼 취급하고 백인 중심의 노동시장을 형성해야 된다는 다소 과격한 표현이 주를 이루었다. 한편으로, 남북전쟁에서 패배하여 주요 노동력인 흑인들을 잃어버린 상황에서 그 자리를 대체할 백인 개

54) *Shepton Mallet Journal*, December 1 1871.
55) *Western Gazette (Yeovil, Somerset, England)*, Fri, May 10 1872.

척자들에게 자부심을 심어 주려는 의도까지 나쁘다고 할 수는 없다. 하지만, 다른 한편으로, 남북전쟁에서 패배한 것과는 상관없이 전혀 패배하지 않은 인종차별이 이민자들 모두에게 공감으로 다가오지는 않았다. 특히 영국 잉글랜드에서 웨슬리언 해외선교회와 대영제국 성서공회에서 활발하게 역할을 다한 부친 토마스 드류에게는 거부감을 일으킬 만한 인종차별적 표현들이었다.56)

토마스 드류 목사의 행보에 대하여 영국 잉글랜드의 언론이 가장 큰 관심을 보였다. 개척자 토마스 드류 목사의 활동은 다음과 같았다.

> 영국 잉글랜드의 쉡톤 몰렛 독립교회(회중교회)에서 담임목사를 역임한 토마스 드류 목사가 뉴욕에 체류하던 '뉴욕 독립교회 성도들'과 본토에서 온 회중교회 교인들과 더불어 버지니아 샬럿 카운티(Charlotte County)에 있는 윌리스버그(Wyliesburg)를 중심으로 최초의 영국 회중교회 식민지를 개척하였다. 이런 개척이 가능한 데에는 남북전쟁을 통한 남부의 황폐화와 노동력 부족이 한 몫 했다. 사실 영국 잉글랜드의 비국교도 출신들만큼 도전적이고 강인한 사람들도 없기 때문에, 황폐화된 남부의 토지를 개간하고 옥토로 만드는 데 있어 이보다 더 합당한 적임자가 없다. 버지니아에 최초로 자리 잡은 회중교회 식민지를 좋은 모범으로 삼아서 여타의 식민지 개발도 활성화되기를 바라 마지 않는다.57)

---

56) *The Tri-Weekly News (Lynchburg, Virginia)*, Mon, April 1 1872.
57) *Shepton Mallet Journal*, Apirl 16 1872.

부친 토마스 드류 목사의 식민지 조성은 괄목할 만한 성과를 보였다. 그는 샬럿 카운티 전체에 걸쳐서 개척자의 면모를 여실히 드러냈다. 버지니아 최초의 '회중교회 운동'의 지도자로서, 토마스 드류 목사는 여러 가지로 생소한 신대륙의 분위기에 빠르게 적응해 갔고 개척의 성과도 대단하였다.[58] 그의 성공적인 회중교회 식민지 개척은 금방 전국적인 주목을 받았다.[59]

■ 버지니아에 모인 다말 드류의 가족

청소년 다말 드류의 부친 토마스 드류 목사가 먼저 영국 잉글랜드를 출발하여 회중교회 개척자들과 더불어 샬럿 카운티에 기반을 마련하였다. 다말 드류는 영국 잉글랜드의 회중교회 이민자들 중 선발진과 함께 부친보다도 먼저 버지니아에 도착하였다.[60] 모친을 포함하여 5명의 가족들은 영국 잉글랜드 리버풀(Liverpool)항을 출발하여 뉴욕을 거쳐서 버지니아 노폭(Norfork)에 도착하였다.[61]

---

58) *The Daily State Journal (Alexandria, Virginia)*, Wed. May 15 1872.
59) *The Inter Ocean (Chicago, Illinois)*, Sat, July 20 1872; *Vermont Chronicle (Bellows Falls, Vermont)*, Sat, August 10 1872.
60) 1871 England Census for Damar Drew: U.S., Passport Applications, 1795-1925 for Damar Drew.
61) Virginia, U.S., Federal Naturalization Records, 1901-1938 for Hortense Damar Drew; Pennsylvania, U.S., Federal Naturalization Records, 1795-1945 for Herbert Wymond Drew; U.S., Naturalization Records, 1840-1957 for Herbert Wymond Drew.

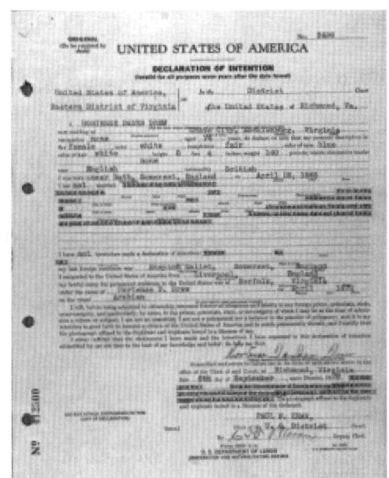 

1939년에 다말 드류의 여동생 호르텐스 드류가 제출한 귀화신청서. 영국 잉글랜드 출발부터 미국 버지니아 도착에 대한 정보를 제공한다.

1929년에 다말 드류의 유일한 남동생 허버트 드류가 낸 귀화신청서. 미국 버지니아 노폭항에 입항한 날자가 호르텐스의 것과 다른 것으로 보아 가족들이 분산하여 입국했거나, 아니면 착각해서 잘못 기재했을 수도 있다.

대서양을 횡단하는 긴 여정을 통해 청소년 다말 드류의 가족 모두는 버지니아에 정착하여 새로운 삶을 시작하였다.

■ 미 남장로교회의 로녹 노회(Roanoke Presbytery)에 가입하다

청소년 다말 드류의 가족이 버지니아에서 기반을 다져 나가고 있을 무렵에 부친 토마스 드류 목사는 로녹 노회에 가입하여 미 남장로교회 소속의 목회자가 되었다. 노회 가입은 자연스럽게 진행되었지만, 미 남장

로교 총회의 규정에 맞아야 정식 목사로 사역할 수 있었는데, 당시 외국 출신이면서 타 교단 배경의 목사를 받아들이는 규정이 엄격하였다. 로녹 노회는 부친 토마스 드류 목사를 정회원으로 받아들이기 위해서 1873년 총회에 헌의안을 제출하였다. 그 내용은 첫째로 총회가 제정한 외국인이며 타 교단 출신에 대한 규정을 완화해 달라는 것, 둘째는 총회가 첫 번째 헌의안을 받아들이든 그렇지 않든 상관없이 부친 토마스 드류 목사를 노회의 정회원으로 받을 수 있도록 허락해 달라는 것이었다.[62]

이런 청원에 대하여 1873년 미 남장로교회 총회는 기존 규정을 준수할 것을 재확인하며 첫 번째 헌의안을 부결시켰다. 하지만 부친 토마스 드류 목사가 임시 목사로서 설교와 성례를 집전할 수 있도록 노회가 그에 상응하는 조치를 취하도록 결정하였다. 아울러 총회는 토마스 드류 목사가 임시 목사로서 직임을 무리 없이 수행할 경우, 노회가 1874년 봄 회기에 맞춰서 그를 정회원으로 받아들이도록 전권을 부여하였다. 동시에 총회는 노회가 토마스 드류 목사를 해당 교회의 담임목사로 세워서 임직식을 할 수 있는 권한까지 허락하였다.[63] 결국 토마스 드류 목사는 1874년 봄 노회 때 로녹 노회의 정회원이 되어 크리스찬빌(Christianville), 블루스톤(Bluestone), 윌리스버그(Wyliesburg) 등지를 순회하며 목회의 꽃을 피우기 시작하였다. 그가 미국 남장로교에 소속된 장로교 목사였지만, 그의 목회 형태는 영국 잉글랜드에서 하던 근본 감리교회의 순회사역과 다를 바 없었다.

62) *The Central Presbyterian (Richmond, Virginia)*, Wed, May 28 1873.
63) *Richmond Dispatch (Richmond, Virginia)*, Wed, August 27 1873.

■ 청소년 다말 드류의 고향 교회, 크리스찬빌(체이스 시티) 장로교회

청소년 다말 드류의 가족은 부친이 준비한 버지니아 샬럿 카운티를 중심으로 초기에 터전을 잡았지만, 미국 남부의 신앙적 분위기가 전적으로 미 남장로교회였다. 회중교회(독립교회)로 외딴섬과 같이 고립되어 있는 것보다 주류 교단에 속하는 것이 더 유익하다고 회중교회의 지도자들이 판단하였던 것이다. 물론 그들의 영적인 리더인 토마스 드류 목사의 의중이 크게 작용하였음이다. 정식으로 미 남장로교회의 일원이 된 부친 토마스 드류 목사는 크리스찬빌, 나중에는 체이스 시티(Chase City)를 구심점으로 삼아서 주변의 여러 개 교회들을 순회 목회하는, 근본 감리교회의 시절과 유사한 목회를 수행하였다.[64] 청소년 다말 드류가 약 15세 되었을 무렵에 토마스 드류 목사는 미 남장로교회의 정식 목사가 되어 크리스찬빌 장로교회의 담임목사로서 본격적인 목회사역을 펼쳐 나갔다.

다말 드류의 부친 토마스 드류 목사

---

64) Session Records of the First Presbyterian Church of Chase City (Christianville), Chase City, Mecklenburg County, Virginia.

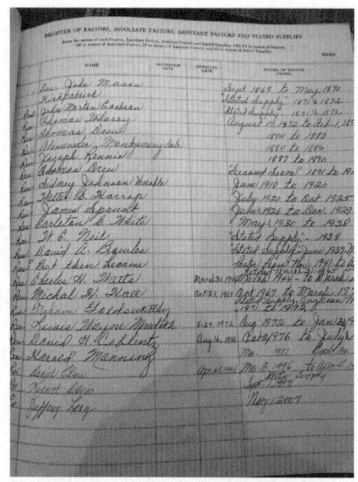

부친 토마스 드류 목사가 담임목사로 있었던 크리스찬빌 장로교회, 후에는 체이스 시티 장로교회의 당회록이다. 토마스 드류 목사의 공식적인 담임목사 재직기간이 명시되어 있다.

크리스찬빌 장로교회라는 이름으로 1869년경에 시작되었다고 현판에 명시되어 있다. 당회록을 기준으로는 1870년이 설립연도다.

다말 드류가 청소년 시절을 보내며 신앙생활을 했던 크리챤빌 장로교회의 옛 교회당이다. 이 교회당은 화재로 전소되어 사라졌고, 장소를 옮겨서 신축한 교회당이 현재의 체이스 시티 장로교회다.[65]

청소년 다말 드류가 신앙생활을 했던 옛 교회 터 자리다.

---

65) John Caknipe, *Images of America Chase City* (Arcadia 2008), 18.

다말 드류가 크리스챤빌 장로교회(나중에 체이스 시티 장로교회)에서 신앙생활을 하던 무렵의 당회록이 빛바랜 모습으로 남아 있다.[66]

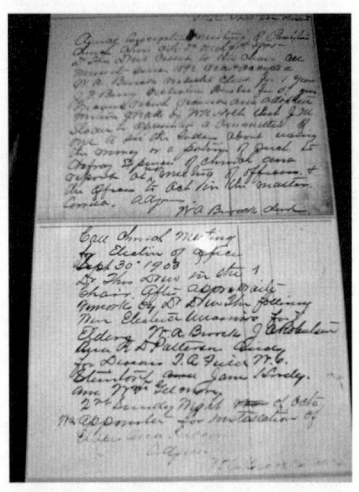

다말 드류가 체이스 시티 장로교회에서 신앙생활을 하고 있을 무렵의 당회록이다.

---

66) Minutes of the First Presbyterian Church of Chase City, Chase City, Virginia.

체이스 시티 장로교회의 옛 교회 터 주변 전경

체이스 시티에는 드류 길(Drew Street)이 있는데, 정면에 보이는 숲 속에 다말 드류와 가족들이 살던 저택이 있었다.

다말 드류의 쌍둥이 여동생 중 생존자인 호르텐스 다말 드류를 기억하면서 도로 이름을 두 개 나 명명하였다. 호르텐스 스트리트(Hortense Street)와 호르텐스 애베뉴(Hortense Avenue).

체이스 시티 장로교회에서 사용하던 찬송가. 당회원들이 필자에게 선물로 주었다.

■ 어머니와 여동생들의 죽음

청소년 다말 드류의 모친인 앤 와이몬드 슬립 드류(Ann Wymond Sleep Drew) 사모는 목사의 아내로서, 다섯 자녀의 어머니로서 헌신적인 삶을 살아온 여인이었다. 그녀가 신대륙의 낯선 환경에 적응해 갈 무렵인 1876년에 생각지도 못한 위기를 맞았다. 당시에 음식을 하거나 난방을 할 때, 마른 잎사귀들을 거둬서 사용했는데, 그만 독성이 있는 아이비 잎사귀를 태우다가 연기에 중독된 것이었다. 미국 버지니아로 이민 와서 샬럿 카운티를 거쳐서 메클렌버그 카운티의 크리스찬빌에 정착한 지 약 4년 만에 벌어진 비극이었다. 그녀의 병치레는 짧았으나, 죽음에 이르는 고통은 이루 말할 수 없는 통증을 동반하였다.[67] 이때가 그녀의 나이 불과 45세였다. 청소년 다말 드류는 17세였고, 여동생 아넷은 14세, 쌍둥이 여동생들인 에바와 호르텐스는 11세, 막내인 허버트는 불과 7세 무렵에 벌어진 상실의 아픔이었다.[68] 그녀의 남편 토마스 드류 목사는 50세였다.

청소년 다말 드류를 비롯한 모든 가족들에게 모친의 죽음은 엄청난 충격이었다. 부친 토마스 목사는 목회자라는 직업의 특성상 재혼을 해도 되는데 평생 독신으로 살면서 목회와 자녀 양육에만 집중하였다. 모친의 빈자리는 다말 드류의 바로 아래 여동생인 아넷이 채우려고 최선의 노력을 기울였지만, 시간이 가면서 어머니의 부재는 더욱 크게만 느껴졌다.[69]

---

67) Douglas Summers Brown, *Chase City and Its Environs, The Southside Virginia Experience 1765-1975* (Chase City 1975), 127.
68) The Geneanet Community Trees Index for Ann Drew.
69) The 1880 U.S., Federal Census for Annette Drew.

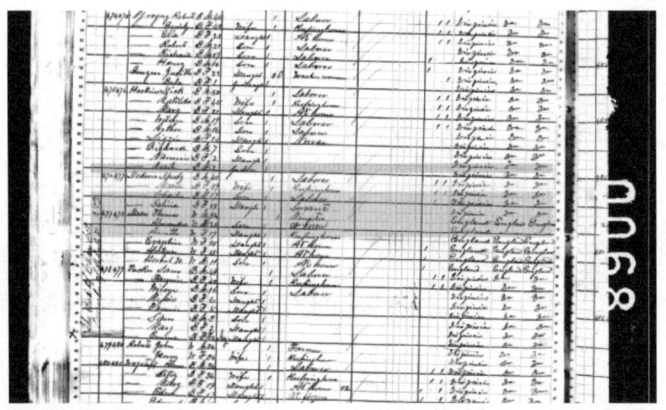

1880년 미국 연방 센서스 기록. 이때까지만 해도 다말 드류의 여동생들인 아넷과 에바가 생존해 있었다.

체이스 시티 우드랜드에 다말 드류 가족묘들이 모여 있다.

체이스 시티의 우드랜드에 있는 모친의 묘비

원래 아넷 드류가 병약해서 가족 모두의 걱정이었는데, 그 아픈 몸을 이끌고 가사를 하다 보니 아넷의 건강도 점점 악화되어 갔다. 다말 드류의 여동생인 아넷도 1880년에 19세의 일기로 모친의 뒤를 따라가고야 말았다. 신대륙에 정착한 이민자의 가정에 몇 년 사이로 닥친 크나큰 인생의 아픔이요 슬픔이었다.

4년 전에 먼저 떠난 모친 옆에 아넷이 묻혔다. 꿈에도 그리던 어머니의 품에 안기듯이 말이다.

다말 드류의 가정에 닥친 상실의 충격은 아넷 한 명으로 끝나지 않았고, 쌍둥이 여동생 중 한 명인 에바도 원인을 알 수 없는 이유로 가족에게 큰 슬픔을 안기고 떠나 버렸다.[70] 더군다나 에바 드류는 현재 무덤도 남아 있지 않다. 그녀가 언제 어떻게 죽음을 맞았는지 전혀 알 길이 없다. 최근에야 그녀가 죽었다는 사실을 확인할 수 있었을 뿐이다. 일란성 쌍둥이로 태어난 토마스 드류 목사에게 마찬가지로 일란성 쌍둥이로 태어난 에바와 호르텐스는 특별한 딸들이었다. 토마스 드류 목사는 부인에

---

70) The Geneanet Community Trees Index for Eva Drew.

이어 딸 둘을 잃는 아픔을 겪었다. 신대륙으로 이민 온 초창기에 부친은 쌍둥이 딸들을 클락스빌(Clarksville)에 있는 여학생 기숙학교에 보낼 정도로 쌍둥이 딸들을 아꼈고 그녀들의 교육에 최선을 다했다.[71]

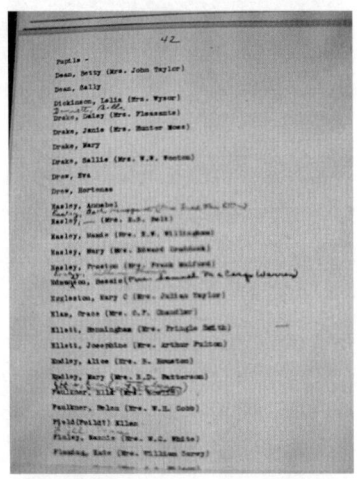

에바와 호르텐스 쌍둥이 자매가 다녔던
클락스빌 서니 사이드 여학교의 기록

1872년 온 가족 7명이 신대륙에 도착하여 버지니아 메클렌버그 크리스찬빌에 정착을 했는데, 약 8년여 어간에 세 명이 이별을 고했다. 장남인 다말 드류는 홀로 남겨진 부친과 두 명의 동생들을 생각하여 틈나는 대로 가사를 돌보면서 학업을 진행해 나갔다.[72]

---

71) J.D. Eggleston, 'The Misses Carrington's Sunny Side School for Young Ladies 1872-1908 (Virginia 1946), 42.
72) The 1880 U.S. Federal Census for Damar Drew.

■ 의사가 되기까지

다말 드류가 햄든 시드니대학(Hampden Sydney College)에 재학하고 있던 1878년부터 1882년 어간에 두 명의 여동생들을 잃었다. 1880년 센서스에 따르면, 다말 드류는 직업란에 가사를 하는 사람으로 기록되어 있다.[73] 그가 학기 중에는 주어진 학업에

햄든 시드니대학 로고

충실하다가 방학 기간에는 모친의 빈자리를 채우며 집안일을 많이 했다는 말이다. 미 남장로교 파송 최초의 7인 선교사 중에 루이스 테이트(최의덕) 선교사가 다말 드류처럼 그리했다. 루이스 테이트는 모친이 아닌 부친의 빈자리를 채우며 시간이 나는 대로 어머니를 도와서 가사에 많은 시간을 할애했다.[74]

햄든 시드니대학 전경

---

73) Ibid.
74) 최은수, '미 남장로교 파송 매티 새뮤얼 테이트 선교사의 배경 연구', 교회와 신앙, 2021년 3월 8일.

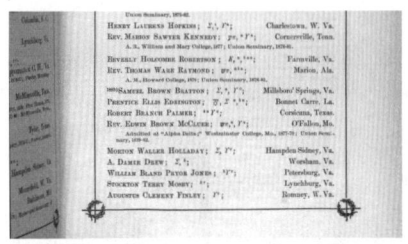 

다말 드류의 햄든 시드니대학 재학 명부　　　　　버지니아 의대 전경

　부친 토마스 드류 목사가 다말 드류의 여동생들을 기숙학교에 보낼 정도로 교육에 관심이 많아서 장남이 원하는 대로 물심양면의 후원을 아끼지 않았다. 다말 드류는 학부를 졸업하고 펜실베이니아 약학 대학을 1883년부터 1886년까지 다녔다. 이후에 가사도 돌보며 준비기간을 거쳐서 1889년부터 1891년까지 버지니아 의대를 수료하고 의사가 되었다. 예나 지금이나 약대와 의대를 함께 공부한 사람이 흔하지는 않다. 앞에서 다말 드류의 배경에 대하여 살펴본 대로, 부친 토마스 드류 목사가 영국 잉글랜드에서 병원 설립을 위한 활동들을 열심히 했고, 웨슬리언 선교회를 통해 의료 선교의 중요성을 알고 있었기 때문에, 이런 모습들이 다말 드류에게 직간접적으로 영향을 끼쳤을 가능성이 굉장히 높다. 아울러 다말 드류가 직접 경험한 모친과 여동생들의 죽음은 그로 하여금 약학과 의학을 공부하게 만들 충분한 동기가 되고도 남았다.

　더군다나 친형제보다도 더 가까운 유대를 가지고 있었던 오웬(오기원) 선교사의 외조부인 윌리엄 워싱턴 캐링턴 의사에 대한 이야기도 오웬과 드류 모두에게 결코 적지 않은 영향을 주었다. 어린 오웬이 외할아버지의 의술 활동을 보면서 강렬한 인상을 받았기 때문에, 그는 외조부의 이력을 복제하듯이 그대로 따라갔다. 오웬의 외할머니인 제인 왓킨스 캐링턴(Jane Watkins Carrington)의 영향도 마찬가지였다. 물론 지금까지 잘 알려진 대로, 오웬의 친할아버지인 윌리엄 리 오웬과 친할머니 헤리엇 오웬 등의 영향과 함께 말이다. 오웬의 친가와 외가 모두 블랙 월럿(Black Walnut, 지금의 클러스터 스프링스 Cluster Springs) 근방에 모여 살았기 때문에 양가 친척들 모두와 유대가 각별하였다. 오웬의 친조부모는 '서니 뷰(Sunnyview)'를 중심으로, 외가는 '오크 클립(Oak Cliff)'을 중심으로 살아가고 있었다. 사실 오웬이 메요(Mayo)에서 출생하고 자랐으므로 메요 바로 옆에 있는 '오크 클립'의 외가가 거리도 그렇고 정서상 정말 가까이에 있었다. 이 둘의 친분 속에서 자연스럽게 의업에 대한 영향이 스며들었던 것이다. 오웬이 의사이면서 목사가 된 데는 드류의 부친인 토마스 드류의 직간접적인 영향이 있었을 가능성이 대단히 높다. 오웬이 토마스 드류 목사가 오랫동안 몸담고 있던 로녹 노회(Roanoke Presbytery)에서 목사 안수를 받은 것만 보아도 이런 사실을 어렵지 않게 파악할 수 있다. 이들은 양가의 특이한 이력을 골고루 물려받았던 것이다.[75]

---

75) *Richmond Dispatch (Richmond, Virginia)*, Wed, August 27, 1873 참조.

오웬의 외가인 '오크 클립(Oak Cliff)'이 친가와 같은 블랙 월넛(Black Walnut), 즉 클러스터 스프링스(Cluster Springs)에 있었다. 오웬은 헌신적인 어머니의 보살핌과 수잔 이모의 사랑에 더해서 같은 동네에서 살던 양가의 사람들로부터 많은 사랑을 받았다. 외가의 흔적이 고스란히 남아 있는 오크 크릭은 2020년 9월 17일에 버지니아 주정부의 역사 유적지로 등재되었고, 2020년 11월 18일 부로 연방정부의 국가 유적지로 지정되었다.[76]

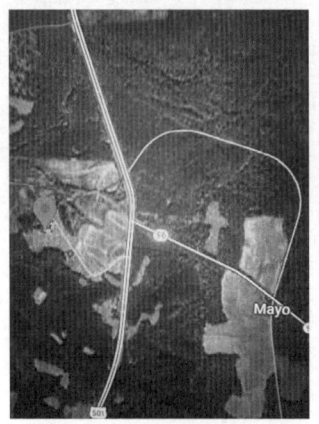

오웬의 출생지인 메요에서 외가인 오크 클립(Oak Cliff)이 매우 가까이에 있었다. 거리도 그렇고 정서적으로 오웬이 모친의 가족들과 더 가까울 수밖에 없었다.

---

76) National Register of Historic Places Registration Form, U.S. Department of the Interior, National Park Service.

오웬의 출생지인 메요에서 친할아버지인 웰리엄 리 오웬의 '서니뷰' 저택까지는 외가로 가는 길에 비해 대략 여섯 배 정도는 멀었다.

오웬의 외할아버지인 윌리엄 워싱턴 캐링턴(Dr. William Washington Carrington) 박사. 의사이며 정치가.

오웬의 외할머니인 제인 왓킨스 캐링턴(Jane Watkings Carrington) 여사. 같은 동네 살던 오웬의 친할머니인 헤리엇 오웬 여사와 함께 오기원의 삶과 신앙에 큰 영향을 주었다.

3-3

소중한 동역자들과의 만남: 오웬(Owen) 가문, 캐링턴(Carrington) 가문, 루시 엑셀 로(Lucy Exall Law)

'우리 모두는 오래전부터 끈끈한 관계를 유지해 왔던 가장 이상적인 인연이었으니 말이에요.'

-클레멘트 캐링턴 오웬 선교사

앞에서 잠시 언급한 대로, 다말 드류가 살던 버지니아 메클렌버그 카운티와 할리팩스 카운티에는 오웬 가문과 캐링턴 가문이 폭넓게 흩어져 살고 있었다. 부친 토마스 드류 목사가 이 두 카운티를 포함하여 샬럿 카운티 등 주변의 지역에까지 순회목회를 했으므로 양 가문의 사람들이 해당 지역교회의 교인인 경우가 많았다. 다말 드류도 자연스럽게 그들과 교류를 하게 되었다. 부친 토마스 드류 목사가 쌍둥이 딸들인 에바와 호르텐스를 클락스빌에 세워진 서니 사이드 여자 기숙학교에 입학시킬 정도로 양 가문과는 이민 초기부터 끈끈한 유대를 이루었다. 서니 사이드 여학교는 오웬(오기원)의 외가 사람들이 주축이 돼서 설립되었다. 오기원의 모친인 메리 그릭스비 캐링턴에게 큰아버지인 터커 캐링턴이 기초를 놓았다.[77]

---

77) North America Family Histories for Tucker Carrington.

서니 사이드 여학교가 위치한 클락스빌은 터커 캐링턴이 도시 계획을 하고 발전시켰으므로 대단히 넓은 토지를 소유하고 있었다. 나중에 터커 캐링턴의 딸들이 토지를 더 매입하였고, 자신들의 대저택을 여학교로 사용하였다.[78)]

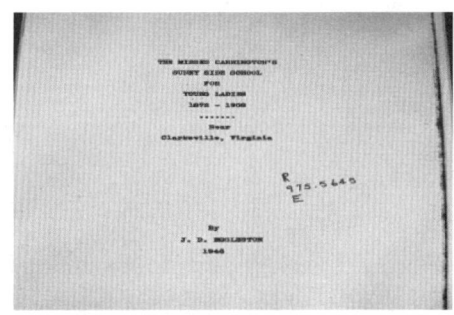

클락스빌에 세워진 서니 사이드 여학교의 역사. 실제로 이 학교의 역사는 1870년부터 시작되었다.

클락스빌의 서니 사이드 여학교가 설립된 초기에 다말 드류의 가족도 미국에 정착을 시작하면서 그의 여동생들이 이 신생 학교에 입학하였던 것이다. 이 학교를 설립한 네 명의 캐링턴가 여성들은 오웬의 모친과 사촌지간이었다. 순회사역을 하던 토마스 드류 목사가 클락스빌에 갈 때면 서니 사이드 여학교에서 잠을 자고 가는 경우가 많았다. 서니 사이드 여학교의 졸업생인 로사 굿 맥쿨룩 여사의 회고에 의할 것 같으면, 캐링턴가 자매들은 토마스 드류 목사가 자던 방을 '선지자의 침실'이라고 부르며 영광스럽게 생각했다.[79)] 서니 사이드 여학교는 설립 초기부터 클락스빌

---

78) Eggleston, 'Sunny Side'.
79) Brown, 127.

장로교회와는 불가불리의 관계였다. 학생과 교사들 모두가 이 교회의 신자들이었다.[80] 서니 사이드 여학교가 1908년에 폐교하기까지 구예배당에서 예배를 드렸다. 다말 드류의 부친 토마스 드류 목사가 이민 초기부터 순회사역을 펼치던 클락스빌 장로교회였고, 1893년부터는 정식 담임목사가 되어 사역함으로, 부친과 다말 드류를 포함한 가족 모두가 클락스빌 서니 사이드 여학교의 역사와 맥을 같이하였던 셈이다.

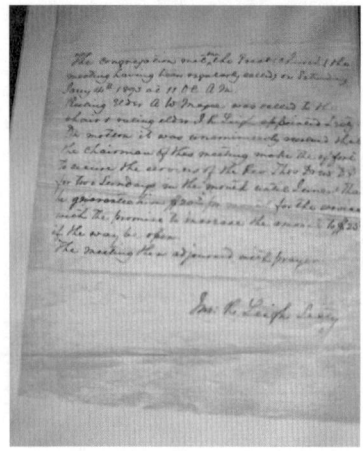

클락스빌 장로교회 당회가 토마스 드류 목사의 청빙을 결의하고 처우에 관한 내용까지 기록한 당회록.

2024년에 버지니아 주정부가 클락스빌 서니 사이드 여학교의 역사와 업적을 기억하기 위하여 랜드마크를 세웠다. 이 표식은 드류 가문과 오웬, 캐링턴 가문과의 유대를 상징하는 것이기도 하다. 이 표식을 세우는 데 있어서 향토사학자인 클락스빌 장로교회의 린다 풀리암 장로의 역할이 컸다.

---

80) Linda Pulliam, 'A History of Clarksville Presbyterian Church, 1832-2022' (Clarksville 2022) 참조.

다말 드류의 부친 토마스 드류 목사가 순회사역을 하던 시절과 1893년 담임목사로 부임할 당시의 교회당. 토마스 드류 목사가 부임하여 교회당을 신축하면서 구 교회당은 침례교회가 구입하여 현재에 이르고 있다.

1909년에 완공된 클락스빌 장로교회 예배당. 토마스 드류 목사가 25년간 시무하면서 이룬 업적 중에 외면적으로 예배당 건축이 가장 괄목할 만한 성과였다.

클락스빌 교회당 앞에서 토마스 드류 목사가 모자를 벗어 보이고 있다. 토마스 드류 목사는 이 교회에서 1917년까지 시무했는데, 그의 나이 91세였다. 그는 영국 잉글랜드와 미국 목회를 합하여 72년을 목사로 봉직하였다.

토마스 드류 목사가 1909년에 헌당한 교회당이 관리가 잘되어 현재도 아름다운 모습을 간직하고 있다. 다말 드류의 또 다른 고향교회인 클락스빌 장로교회는 미 남장로교 최초의 의사 선교사를 한국으로 파송할 때처럼, 여전히 뜨거운 선교적 열정을 뿜어내고 있다.

클락스빌 장로교회의 예배당 내부도 스테인드글라스의 아름다움이 오르간의 선율과 어울리면서 경건한 분위기를 연출하고 있다.

■ 드류와 오웬의 연결고리, 수잔 호그 캐링턴 모튼 (Susan Hogg Carrington Morton)

필자의 다른 저술을 통하여 드류와 오웬의 관계를 언급하면서 수잔 호그 캐링턴 모튼을, 이 두 사람 모두의 이모라고 지칭하였다.[81]

드류 가족과 오웬-캐링턴 가문과의 오랜 관계를 차치하고라도, 어린 시절에 드류 선교사와 오웬 선교사 사이에서 연결고리 역할을 한 인물은 오기원(오웬)의 이모인 수잔 호그 캐링턴(Susan Hoge Carrington)이었다.[82] 오기원의 모친과는 1살 연상의 언니였다. 오기원의 모친이 1866년에 부친과 결혼할 때, 이모인 수잔은 미혼이었다. 어려서부터 1살 터울의 모친과 이모는 자타가 공인하는 절친 이상의 자매로 끈끈한 친밀감을 과시하고 있었다. 그런 견지에서, 허니문 베이비로 태어난 동생의 첫 아들, 클레멘트 캐링턴 오웬(오기원)은 이모 자신의 자식처럼 눈에 넣어도 아프지 않을 만큼 사랑스럽고 귀했다. 오기원이 네 살 무렵 부친 로버트가 위장병으로 안타까운 죽음을 맞이하는 순간에도 어린 오기원의 옆에는 '헌신적인 어머니'와 함께 수잔 이모가 있었다. 그렇게 각별했던 수잔 이모는 1873년 10월 1일에 클락스빌과 체이스 시티의 벤자민 모튼(Benjamin D. Morton)과 결혼을 하였다. 당시 남녀성비의 불균형을 그대로 반영하듯이 27살의 이모는 초혼이었던 반면에 47살의 나이에 자녀가 6명이나 딸린 모튼은 재혼이었다.[83]

---

81) 최은수, 목포, 2025.
82) Family Histories, Susan Hoge Carrington.
83) Virginia, U.S., Marriage Regesters, 1853-1935 for Benjamin Morton and Susan Carrington.

이모가 결혼할 무렵에 여섯 살이었던 오기원(오웬)은 모친만큼이나 자신을 아껴주고 사랑해 주던 이모와의 이별이 큰 충격이 아닐 수 없었다. 어린 조카에게는 클락스빌과 체이스 시티가 그리 멀지 않은 곳이어서 그나마 위안이었다. 수잔 이모는 전처에게서 태어난 6명과 자신이 출산한 5명을 키우면서, 두 명의 아들들을 먼저 하늘로 보내고 세 명의 딸들을 훌륭하게 양육하였다.[84] 그때 체이스 시티를 기반으로 클락스빌 등 주변에서 순회사역을 하고 있던 토마스 드류 목사와 목양적 유대를 형성하면서 체이스 시티 장로교회의 교인이 되었고, 담임목회자의 큰아들이었던 유대모(드류)와도 이모와 같은 친밀감을 유지하게 되었다. 이모의 연결로 자연스럽게 유대모와 오기원이 친형제 사이처럼 지내게 되었던 것이다. 당시 오기원에게 남동생 로버트는 있었지만 형이 없었기 때문에 8살 연상의 유대모는 든든한 손위 형제로 손색이 없었으므로 친밀감을 가지고 잘 따랐다. 체이스 시티에 이모와 유대모 형이 있었기에 시간이 갈수록 오기원은 기회가 닿는 대로 자주 왕래하였다.[85] 오기원이 외할아버지의 이력을 그대로 되밟았듯이, 우연인지는 모르겠으나, 학교와 직업 측면에서 유대모도 오기원보다 먼저 동일한 길을 감으로써, 오기원의 외조부를 중심으로 이 두 사람이 상호 영향을 주고받았음에 틀림이 없다.[86]

클락스빌의 오크허스트 묘지에 오기원의 이모 수잔 캐링턴의 묘가 있다. 그녀는 주로 체이스 시티에 살다가 1935년 10월 3일에 막내딸의 집에서 90세의 일기로 별세하였다. 유대모와 오기원에게 있어서는 영원히 잊지 못할 이모였다.[87]

---

84) Family Histories for Susan Carrington.
85) *Virginia Pilot*, December 12 1906을 참조하라.
86) U.S., College Student Lists, 1763-1924 for A.D. Drew and C.C. Owen.
87) Virginia, U.S., Death Records, 1912-2014 for Susan Hoge Carrington.

오웬(오기원)은 조지아나 휘팅 여의사와 약혼식을 앞두고 형님인 군산의 드류 박사 가족과 캠핑을 갔다. 거기서 겪은 일화, 드류 집에서 있었던 약혼식, 목포 선교 스테이션에서 개최한 파티 등 행복에 가득 찬 내용들을 편지에 담아서 수잔 이모에게 보냈다. 오웬은 여기서 약혼녀인 조지아나 휘팅과의 사랑과 애정을 숨김없이 표현하였다.

이모께서 항상 관심을 가지고 계셨던 것처럼, 제가 올해 12월에 결혼한다는 것이 믿기시나요? 저는 제가 결혼한다는 것이 꿈을 꾸듯 하며 현실이 아니라는 생각이 들기도 합니다. 저는 이모께서 제 삶에 찾아온 새로운 기쁨에 대하여 저보다 더 기뻐하시고 더 놀라실 것이라고 생각돼요. 제가 아직 경험해 보지 못한 결혼 생활이라서 그런지 사랑의 달콤함이 얼마나 큰지 잘 모르겠어요. 제가 결혼하게 될 자매(조지아나 휘팅)의 사진을 이모에게 보내드리도록 노력할게요. 그녀는 정말 사랑스런 웃음이 일품이고 그녀의 웃음은 저에게 행복감을 느끼게 해요.

우리는 한 섬으로 형인 드류 선교사의 가족과 함께 캠핑을 갔어요. 근데 갑자기 세찬 바람이 텐트와 폴대를 날려 버리는 바람에 더 이상 거기에 머물 수가 없었어요. 이 바람은 실로 엄청난 바람이었기에 제 우비조차도 무용지물로 만들어 버렸고 무슨 심각한 재난상황을 보는 것 같았어요. 다행히 아무도 다치지 않았고, 새벽 1시나 2시경에 무지막지한 바람이 불어서 텐트를 무너뜨렸지만, 어느 한 사람도 위축되거나 비명을 지르거나 하지 않았어요. 왜냐하면 드류 형의 가족과 우리 모두는 오래전부터 끈끈한 관계를 유지해 왔던 가장 이상적인 인연이었으니 말이에요. 우리는 드류 형 선교사의 배로 군산으로 돌아왔어요. 거기서 하루나 이틀 뒤에 우리는 공식적으로 약혼식을 하게 되었거든요. 우리는 드류 형 선교사의 집에서 조촐하지만 기억에 남을 파티를 즐겼으며, 드류 형의 안내로 그의 배를 타고 정말 아름다운 곳들을 둘러보았어요. 우리 둘은 드류 형의 배 안에서 주변의 풍경을 보면서 수없이 귓속말로 달콤한 속삭임을 반복했어요. 그녀는 목포로 와서 배유지(유진 벨) 선교사의 가족들도 만났어요. 그리고 우리가 결혼해서 살게 될 집터도 둘러보았어요. 우리는 새집에 대한 계획도 함께 세웠어요.

어느 날 오후에 저는 주변의 지인들을 모두 불러 모아서 라스베리 식초 음료, 와퍼, 케이크 등을 대접했어요. 저의 이러한 대접에 사람들이 기뻐하며 모두가 우리 두 사람을 진심으로 축하해 주었어요. 이모, 저의 작은 처소에서 처음으로 사람들을 초청해서 그들 모두에게 기쁨을 준 것이 얼마나 뿌듯하고 보람된 일이었는지 아시겠지요? 어제 그녀는 서울에 있는 그녀의 집으로 귀가했어요. 여기에 아픈 사람들이 너무 많아서 제가 언제 그녀를 만나러 서울을 가게 될지 모르겠네요.[88]

이와 같이, 오웬은 다말 드류의 고향교회인 클락스빌 장로교회와 체이스 시티 장로교회를 섬기고 있던 수잔 이모와 마음속 이야기를 나눌 수 있는 친밀한 사이였다.

---

[88] Owen to Aunt, July 19, 1900, Mokpo, Korea.

■ 수잔 이모의 딸이 결혼하다: 토마스 드류 목사, 오웬 목사, 조지아나 휘팅 오웬 의사, 오웬·캐링턴 가문

드류와 오웬의 이모, 수잔 호그 캐링턴 모튼의 장녀 결혼식이 1902년 9월 30일에 거행되었다. 체이스 시티에 있는 아담 핀치(Adam Finch) 박사의 저택에서 이모의 장녀인 애나 캐링턴 모튼(Anna Carrington Morton) 양과 토마스 포퀴리언 프라이(Thomas Fourqurean Fry) 군의 혼인식이 다말 드류의 부친이자 체이스 시티 장로교회의 담임목사인 토마스 드류 박사의 주례로 진행되었다. 오웬 목사·의사 부부도 참석하여 사촌동생의 결혼식을 축하했다. 오웬 선교사가 가장 사랑하고 존경하는 이모의 딸이니 참으로 특별하고 감격스러운 결혼식이 아닐 수 없었다. 오웬의 사촌 여동생인 애나는 5살 연하의 토마스를 만나서 백년가약을 맺게 되었던 것이다. 수잔 이모의 둘째 딸인 엘리자벳이 언니보다 먼저 결혼하여 2살배기 딸을 두었고,[89] 애나는 동생의 집에서 혼인예식을 올렸다. 양가의 일가친척들이 모두 모여 새롭게 출발하는 신혼부부를 축복하였다.[90]

가장 멀리서 온 오웬 선교사 부부는 오랜만에 만나는 친구들과 친인척을 대하며 선교지에서 약해질 대로 약해진 몸과 마음을 회복하는 시간을 가졌다. 다말 드류의 고향인 체이스 시티에서 열린 결혼식에 할리팩스 카운티와 메클렌버그 카운티에 흩어져 살던 친척과 지인들이 대거 참석하였다. 버지니아주 전체로는 가장 먼 거리에서 온 하객이 리치몬드로

---

89) The Geneanet Community Trees Index for Elizabeth Morton Finch.
90) *Richmond Dispatch (Richmond, Virginia)*, Wed, October 1 1902.

부터 왔다. 오웬의 외가 쪽 식구들이 이웃한 클락스빌에 터전을 잡고 있어서 거기에서 온 손님들과 신랑의 터전인 사우스 보스턴(South Boston)에서도 손님들이 왔다. 수잔 이모보다 20살 연상이었던 오웬의 이모부는 이미 고인이 되었기 때문에,[91] 신부는 아버지 없는 결혼식을 치러야 했지만, 아버지 같이 든든한 사촌오빠인 오웬 목사요, 의사가 함께하여 아쉬움을 달랠 수 있었다.[92]

이 당시 오웬의 형님 드류 선교사는 결핵성 늑막염으로 사경을 헤매다 간신히 회복되어 샌프란시스코와 오클랜드에서 안식년을 보내고 있었다.[93] 형님 선교사의 건강상태를 가장 잘 아는 오웬은 혹시 드류 선교사가 전라도 선교 현장으로 복귀할 수 없을지도 모른다고 생각했다.[94] 오웬도 본인이 선교사로 나가기 위해서는 건강을 튼튼하게 유지해야 된다고 유니언 신학교 매거진에 기고도 했지만, 본인이 의사인데도 불구하고 몸과 마음을 무탈하게 건사하기가 쉽지 않았다.[95] 오웬의 사촌 여동생이 결혼할 때, 한 언론의 보도에 따르면, 오웬 박사가 한국 선교를 마치고 사임한 것으로 보도하였다.[96] 형님 드류와 같이, 목포 선교지에서 건강을 해친 오웬도 자신이 목포 선교 스테이션으로 복귀할 수 있을지 쉽사리 단정

---

91) The Geneanet Community Trees Index for Susan Morton.
92) *Richmond Dispatch (Richmond, Virginia)*, Wed, October 1 1902.
93) *The Daily Times (Richmond, Virginia)*, Fri, January 17 1902.
94) *The Missionary*, April 1902.
95) C.C. Owen, 'Preparation for Foreign Missionary Work', *The Union Seminary Magazine*, November-December 1893, 117-123.
96) *Richmond Dispatch (Richmond, Virginia)*, Wed, October 1 1902.

할 수 없었던 것이다. 실제로 오웬이 전라도 목포로 돌아갈 수 없을 수도 있다는 생각을 가까운 지인들에게 말한 것이 와전됐을 수도 있다. 하여튼 원래부터 건강이 좋지 못했던 오웬이 사촌 여동생 애나의 결혼식에 참석하는 등 고향에서 일정을 보내면서 선교사직을 계속 유지할 것인가에 대하여 심각하게 고민하고 있었던 것은 사실이다.

오웬이 가장 사랑하고 아끼던 수잔 이모의 세 딸들은 다말 드류의 부친인 토마스 드류 목사가 담임하던 체이스 시티 장로교회에서 신앙생활을 하였고, 결혼 후 애나와 수잔은 다른 도시로 갔지만, 엘리자벳은 계속 체이스 시티에 남아서 토마스 드류 목사가 91세로 은퇴하는 것도 지켜보았다.[97] 엘리자벳은 어머니인 수잔 캐링턴을 포함하여 전 가족과 동고동락했던 토마스 드류 목사의 장례도 목도하였다. 오웬의 사촌 여동생인 엘리자벳 모튼 핀치는 사랑하는 어머니 수잔 호그 캐링턴 모튼 여사를 여러 해 동안 자신의 집에서 모시고 살았으며, 1935년 10월 6일에 90세를 일기로 임종하는 순간도 곁에서 지켰다.[98] 또한 엘리자벳은 토마스 드류 목사의 여식이자 다말 드류의 쌍둥이 여동생인 호르텐스 다말 드류의 장례도 목도하였다.[99] 호르텐스 드류는 연로한 부친을 마지막까지 모셨고, 체이스 시티에서 교육자이며 활동가로 명망이 두터웠다. 호르텐스 드류는 막내 남동생 허버트의 가족도 애정으로 돌보았다.[100]

---

97) *The Presbyterian of the South (Atlanta, Georgia)*, Wed, February 23 1916.
98) *Richmond Times-Dispatch (Richmond, Virginia)*, Mon, October 7 1935.
99) *The Portsmouth Star (Portsmouth, Virginia)*, Mon, August 30 1948.
100) *Richmond Times-Dispatch (Richmond, Virginia)*, Sun, June 22 1924.

다말 드루의 부친 토마스 드루 목사의 사망진단서. 그는 97세 8개월을 사는 동안 72년을 목사로 헌신하였다.

체이스 시티의 우드랜드에 있는 토마스 드루 목사의 묘비. 다말 드루 선교사와 쌍둥이 여동생 에바를 제외한 5명의 가족들이 나란히 누워 있다.

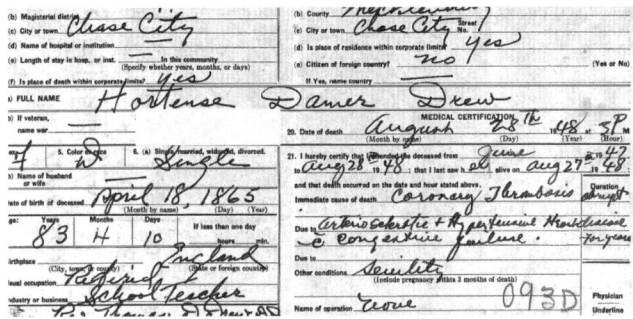

호르텐스 다말 드류의 사망진단서. 그녀는 83세 4개월 10일을 살았다.

다말 드류 박사의 쌍둥이 여동생 중 생존한 호르텐스 다말 드류. 부친을 마지막까지 모시느라 결혼도 못 했다. 체이스 시티에 여학교를 설립하여 운영하는 등 폭넓은 사회 활동을 펼쳤다. 이 사진은 그녀가 1922년에 오빠인 다말 드류 박사 선교사의 집을 방문했을 때 촬영한 것이다.

호르텐스 다말 드류의 묘비만 입석으로 되어 있다. 그녀는 사람들에게 기독교인, 학자, 교사, 철학자로 기억되고 있다.

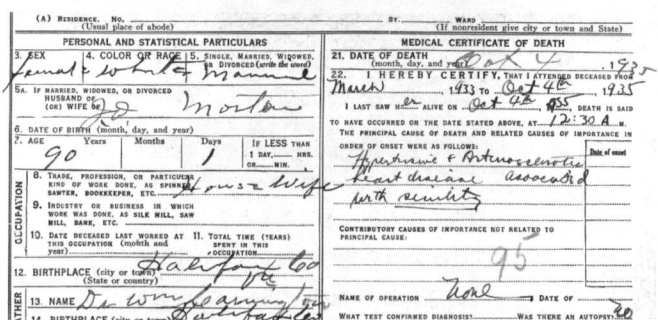

드류와 오웬의 이모인 수잔 호그 캐링턴 모튼의 사망진단서. 그녀는 90년하고 하루를 살고 별세하였다.

■ 평생의 동반자를 만나다: 루시 엑솔 로(Lucy Exall Law)

다말 드류 박사와 결혼한 루시 액솔 로는 1866년 2월 12일에 부친 피터 버웰 로(Peter Burwell Law)와 모친 마리 엘렌 엑솔 로(Marie Ellen Exall Law) 사이에서 버지니아 피트실바니아(Pittsylvania) 카운티 단빌(Danville)에서 태어났다.[101] 그녀의 부친은 화이트멜(Whitemell)에서 태어났지만, 1847년 이후부터는 줄곧 단빌에서 살았다. 그는 처음에 상업에 종사하다가 담배사업도 했으며, 최종적으로 남부 철도 회사에 근무를 하다가 부상을 당한 후 은퇴하였다.[102] 피터 로는 선한 영향력으로 명성이 자자하였다. 1893년 9월 27일에 루시 엑솔 로는 체이스 시티의 알레산드로 다말 드류와 단빌 장로교회에서 결혼식을 올렸다.[103] 당시 파송을 앞둔 선교사들은 결혼식이 파송식과 같아서 경건하면서도 선교 열정이 대단한 경우가 많았다.

많은 글에서 루시 드류 선교사가 로녹(Roanoke) 여자 대학을 나왔다고 하는데, 그 당시에 이런 이름을 가진 학교가 로녹에는 없었다.[104] 일반적으로 알려진 로녹 대학(Roanoke College)는 설립부터 1935년까지 남학생만을 위한 학교였다. 루시 드류 선교사가 학교를 다닐 무렵에는 밸리 유니언 여자 신학교(Valley Union Seminary, 1842~1852)에서 출발하여 로녹 여자 신학교(Roanoke Female Seminary, 1852~1855)를 거쳐서

---

101) The Danville, Pittsylvania County, Virginia Births, 1853-1896 for Lucy Law.
102) *The Daily Progress*, Fri, June 21 1918.
103) Virginia, U.S., Select Marriages, 1785-1945 for Lucy Law and Damar Drew.
104) 미국장로교 한국선교회, *미국 장로교 내한 선교사 총람* (서울 2020), 57.

홀린스 대학(Hollins Institute, 1855~1911)만이 존재하였다. 로녹에 로녹 여자 신학교라는 학교 이름이 잠시나마 있었기 때문에, 그 지역을 대표하는 여자 대학이라는 견지에서 로녹 여자 대학 출신이라고 했던 것 같다. 루시 드류 선교사의 모교를 로녹 여자 대학이라고 해야 한다면, 당시 로녹에는 홀린스 여자 대학밖에 없었으므로 이 학교명으로 해야 정확하다.

루시 로의 부친 피터 버웰 로

다말 드류 박사와 결혼하여 한국에서 적응기간을 가지고 있을 무렵에 루시의 모친인 마리가 1895년에 죽음을 맞이하였다.[105] 모친의 빈자리는 루시의 막내 여동생인 거트루드 로(Gertrude Law)가 대신하며 홀로 된 부친을 모시느라 결혼할 엄두도 못 내고 있었다.[106] 1918년에 단빌에서 콜로라가 유행하면서 부친 피터 로와 거트루드 로는 약 2달 간격으로 전염병에 감염되어 유명을 달리하였다. 당시 오클랜드에 살던 루시 로 드류 선교사가 콜레라로 야기된 가족의 비극을 보고 무척이나 힘들어했다.[107] 당시 전염병이 도는 상황에서 고향을 방문할 엄두도 못 내고 안타깝게 눈물만 머금고 있었으니 그 슬픔이 오죽이나 컸겠는가!

---

105) Virginia, U.S., Death Records for Marie Law.
106) The Geneanet Community Trees Index for Gertrude Law.
107) Virgina, U.S., Death Records for 1915.

루시 엑솔 로 드류 선교사의 막내 여동생인 거트루드 로의 사망진단서. 그녀와 부친 피터 로는 단빌에서 유행한 콜레라의 희생양이 되어서 1918년에 두 부녀가 하늘의 부름을 받았다. 약 2달 어간에 발생한 안타까운 일이었다.

드류 박사 선교사와 루시 엑솔 로 드류 선교사가 결혼식을 올린 단빌 장로교회

제4장

전라도에 최적화된 사람이 오다: 인문학적 낭만 닥터, 유대모

'드류 의사 선교사는 참으로 강인한 분이다. 그의 긍휼히 여기는 마음은 눈에 보이는 외형보다도 크고 뜨겁다. 수많은 질병으로 고통당하는 환자들을 위해서, 그는 긍휼히 여기는 뜨거운 심장을 가지고 한시도 쉬지 않고 의술을 펼치고 있다. 그러는 동안 자신의 몸도 많이 쇠약해졌다. 드류 선교사의 이러한 활동으로 인하여 서울을 비롯한 수도권에서부터 전라도에 이르기까지 그의 명성이 자자하다. 내가 군산에 머무는 동안에도 두 명의 환자가 치료를 받기 위해 왔는데, 그들은 본인들의 집에서 100마일 이상 떨어진 군산까지 한걸음에 달려왔던 것이다.'

-미 남장로교 해외 선교 실행위원회 총무 체스터(S. H. Chester) 박사의 군산 선교 스테이션 방문 보고서 중에서-

4-1

준비된 사람: 드류 박사와 레이놀즈 선교사의 선교 스테이션 선정을 위한 답사 여행

'군창(군산)은 참으로 아름다운 곳이다.'

-알레산드로 다말 드류 박사와 레이놀드 선교사-

■ 미 남장로교 최초의 의료 선교사, 전라도 최초의 서양 의사

다말 드류 선교사는 미 남장로교 총회가 의료 선교를 개시한 이후 역대 두 번째로 파송을 받았던 인물이다. 중국에 이어 한국이 그다음이었으니 말이다. 1893년 9월 27일에 버지니아 피트실바니아 카운티의 단빌에서 혼인예식을 올린 드류 신혼부부는 준비기간을 거쳐서 1894년 3월 13일부터 서울 선교 스테이션에서 사역을 시작하였다.108)

다말 드류 선교사가 최초의 한국 의료 선교사로 파송받아서 한국에 도착한 직후에 작성한 여권신청서.

사실 드류 박사 부부는 1894년 1월 14일에 미국을 출발하여 '시티 오브

---

108) U.S., Passport Applications, 1795-1925 for Damar Drew.

베이징'이라는 여객선을 타고 태평양을 횡단하여 1894년 2월 8일에 일본 요코하마에 도착하였다. 드류 선교사 부부는 신혼여행을 하듯이 일본을 둘러볼 기회를 가졌던 것이다. 아울러 요코하마나 그 주변에서 일본 선교를 위해 먼저 파송되어 온 사역자들을 만나서 교제하는 것도 중요한 일이었다. 신혼부부인 드류 박사 내외는 거의 한 달 가까이 일본에 체류하였다.[109]

한국으로 오는 여정 중에 일본에 잠시 체류하면서 찍은 사진. 착석한 드류 박사와 루시 드류 선교사. 그 뒤에 그레함 부부가 기립해 있다. 드류 선교사 부부는 신혼여행 하듯이 일본에서 시간을 보냈다. 원래 인문학적인 소양이 풍부한 드류 박사에게 일본의 지리, 역사, 문화 등은 호기심 어린 관심사였다.

■ 미 남장로교 한국선교부 제2차 연례회의의 결정들

드류 선교사 부부가 일본 요코하마에 도착하고 나서 5일 후인 1894년 2

---

109) *Ibid*.

월 13일 화요일에 서울에서 모인 연례회의에서는 두 가지 중요한 결정을 내렸다.

  1. 제2차 연례회의는 루이스 테이트(Lewis Tate)와 매티 테이트 남매 선교사에게 빠른 시일 내로 전주로 내려가서 상황을 파악하고, 가을 정도에는 완전 이주를 하여 선교 스테이션을 열 수 있도록 하라고 결정한 것이다.

  2. 드류 선교사가 몇 주 안에 서울에 도착하니 레이놀즈 선교사와 함께 선교 스테이션 선정을 위한 답사여행을 가도록 한 것이다.[110] 한국선교부가 아직 한국에 도착하지도 않은 신참 선교사에게 선교 스테이션 후보지 선정을 위한 답사와 같이 중차대한 임무를 맡겼다는 데서 알 수 있듯이, 모든 선교사들이 드류 선교사의 지리와 역사 등 인문학적인 재능을 이미 알고 있었다는 사실이다. 게다가 드류 박사 부부는 이제 신혼인데, 선교지에 도착하자마자 신부와 떨어져서 상당기간을 있어야 하는 상황을 선교부원들이 모르지는 않을 텐데, 어찌 보면 상당히 무리한 결정일 수도 있었다. 더군다나 한국선교부는 모든 여건이 성숙되는 대로 드류 선교사 부부가 하루라도 빨리 전라도 선교지로 내려가서 정착해야 한다고 희망하였다.[111]

---

110) William Reynolds, 'Korea', Seoul, February 15 1894, *The Missionary*, May 1894.
111) *Ibid*.

■ 최초의 발걸음을 놓은 드류 박사, 그리고 레이놀즈 선교사

드류 선교사 부부가 1894년 3월 13일부터 서울 선교 스테이션에서 사역을 시작하였으므로, 도착 후 14일째 되는 3월 27일 아침 7시 30분에 드류 선교사는 레이놀즈 선교사와 동행이 되어 서울을 출발하였다.[112] 1894년 3월 27일 화요일부터 5월 7일 월요일까지 정확히 42일 동안 이어진 대장정이었다. 주요 도시들을 중심으로 서울에서 출발하여, 군산(군창), 전주, 목포, 우수영, 순천, 좌수영, 부산까지 망라하는 여정이었던 것이다. 이 답사

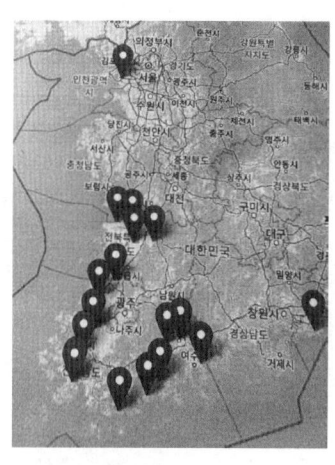

지리적 학식이 탁월했던 드류 선교사가 동행했기 때문에 42일간의 여정이 체계적으로 진행되었다.

여행도 근본이 좋은 전라도 땅에서 한국인 조력자들의 도움이 있었기에 가능한 일이었다. 이름도 없이 빛도 없이 교회사에 길이 남는 역사를 만들어 간 한국인들의 이름이 속히 호명되기를 간절히 바란다. 이런 바람은 미 남장로교 파송 모든 선교사 제위의 철학이요 원칙이었음을 기억하면서 말이다.

최초의 서양 의사, 드류 박사가 전라도 땅에 첫발을 디딘 곳이 바로 군창, 즉 군산이었다. 그가 이동하며 남긴 발자국들이 어느 곳을 가든지 '최

---

112) 1894 Chulla Do Trip Diary of William D. Reynolds.

초'였다. 사실 미 남장로교 총회 파송 7인의 선교사들, 그리고 노회 파송인 카메론 존슨 등 8명의 선교사들은 20대 초중반의 연령대가 주류였다. 드류 박사가 1894년 기준으로 34세였으니 선교부원들 가운데 최고령자였다. 동행한 레이놀즈만 하더라도 이 당시를 기준으로 드류 선교사 보다 8살이나 어린 목회 초년생이었다. 드류 선교사가 햄든 시드니 대학 선배인 데다가 지리, 역사, 문화 등에서 전문가적인 지식을 소유하고 있던 터라 후배인 레이놀즈 선교사가 드류 박사를 많이 의지할 수밖에 없었다.

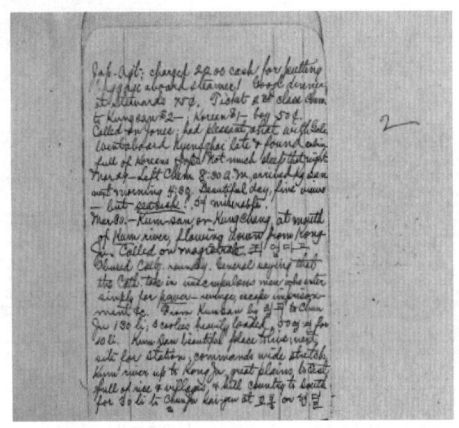

42일간의 선교 스테이션 선정을 위한 답사를 기록한 레이놀즈의 1894년 일기

■ 전라도 '최초'의 서양 의술 시행일은 1894년 4월 4일 수요일 전주에서

드류 선교사 일행은 군산을 보면서 감탄사를 연이어 표현하였으며, 임피를 거쳐서 4월 3일 전주에 도착하였다. 미주리주 풀턴 출신의 루이스 테이트와 매티 테이트 남매 선교사가 3월 19일 월요일에 서울을 출발하

여 꼬박 6일이 걸려서 1년 전에 마련해 둔 숙소에 먼저 도착해 있었다. 특히 어디를 가나 눈에 띄는 서양 여자를 보기 위해서 사람들이 몰려들면서 매티 테이트 선교사는 이미 명사가 되어 있었다. 매티 선교사를 돕기 위해 함께 동행한 노년의 여인은 얼마나 헌신과 희생정신이 투철한지 고개를 내두를 정도였다. 그 노파의 모든 경비는 언더우드 선교사의 형님인 존 언더우드가 전액 지원하였다. [113]

전주에서 드류 선교사는 천주교인 채영칠의 부인을 치료함으로 전라도 '최초'의 서양 의술을 시행한 역사의 주인공이 되었다. 채영칠의 감사 편지가 갑오년 2월 30일로 되어 있고, 이를 환산하면 1894년 4월 5일 목요일이었다. 이날은 드류 선교사 일행이 전주를 떠난 시점이었다. 그러니까 하루 전날인 4월 4일 수요일에 드류 선교사가 채영칠의 요청으로 피부궤양을 심하게 앓고 있던 그의 부인을 두 번씩이나 방문하여 소독도 하고 내복약도 주고 하니 눈에 띄게 차도를 보였던 것이다. [114]

천주교인 채영칠은 너무 고마운 마음에 감사의 편지를 써서 드류 선교사와 레이놀즈 선교사에게 전했다. 그 편지는 레이놀즈를 학문에 능통한 대인으로, 드류 선교사를 의술에 통달한 대인으로 표현하며 극존칭으로 시작하였다. 채영칠은 죄 많은 인생에게 베푸신 천주의 큰 은혜에 감사하며 이역만리까지 와서 이 병으로 죽을 줄만 알았던 사람을 치료한 거룩한 의술과 고귀한 말씀까지 전해 주니 감사하고 평안한 여정이 되기를 바란

---

113) Lewis Tate, 'Korea, A Visit to Chyung Ju', May 25 1894 in *The Missionary*, September 1894.
114) *The Missionary*, December 1894.

다고 정성을 다해서 썼다. 나중에 드류 박사는 누가복음 9장 2절의 말씀, 즉 하나님의 나라를 위한 치유의 역사가 성취된 사건이라고 간증하였다.

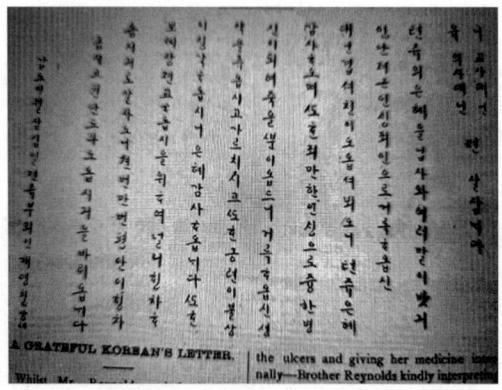

천주교인 채영칠이 부인의 심각한 피부궤양을 치료해 준 드류 박사에게, 그리고 통역한 레이놀즈 선교사에게 극존칭으로 감사의 편지를 써서 건넸다. 이 치료가 시행된 1894년 4월 4일이 전라도 최초의 서양 의술 시행일이다.

■ 전주 이남의 최초 서양 의사 및 최초 목사 선교사

군산으로부터 시작하여 서양 의사인 드류 박사가 지나가는 모든 곳들이 '최초'의 기록을 세웠다. 미 남장로교의 한국 선교가 시작된 1892년 이후 초기에 내한한 선교사들은 전라도의 수도인 전주를 주목하였고 기회가 닿는 대로 답사를 오기도 했다. 하지만 전주의 남쪽 지역은 미 남장로교 선교사들의 발걸음이 닿지 않은 곳이었다. 드류 박사를 필두로 하는 답사여행을 통해서 그의 지리학적 식견으로 거론한 군산, 전주, 목포, 순천이 차례로 선교 스테이션의 위상을 갖게 된 것은 우연이 아니었다.[115] 드류 선교사가 후에 직접 언급했던 광주는 뒤늦게 행정중심지가 되면서 자연스럽게 선교 스테이션으로 발전했다. 선교 스테이션 후보지에 올랐던 우수영은 목포가 개항이 되면서 그 권역으로 묶였다. 드류 박사가 어디를 가든지 최초의 서양 의사였고, 레이놀즈도 최초의 개척자가 되어 신기록을 만들어 냈다.

■ 드류 박사의 경험과 식견이 빛을 발하다

『더 미셔너리(The Missionary)』저널의 1894년 10월호는 한국 특집으로 편집되었다. 드류 선교사의 답사보고서를 중심으로 10월 특집호가 구성되었다는 점에 주목할 필요가 있다. 이 부분은 필자의 저서를 통하여 자세히 다루었다.[116] 지금까지 레이놀즈 선교사가 1894년 답사 여행을 일기로 작성한 것이 폭넓게 알려지면서 그의 주도로 이루어진 것처럼 기정사실화되어 왔다. 하지만 드류 박사의 답사 보고서와 레이놀즈의 일기를 비교해 보면 지리학적 전문성이 명확하게 대별된다. 드류 박사의 주도로 작성된 답사 보고서에는 거리 계산을 마일로 통일하여 일관되게 기술하였다. 반면 레이놀즈는 그의 일기에서 의도적으로 마일 대신 한국식 '리'를 사용하였다. 그렇기 때문에 1894년 10월호에서 드류 선교사의 답사보고서를 중심에 놓고, 레이놀즈 명의로 선교 스테이션 후보지 선정에 대한 글을 실었는데, 문체나 거리 계산 방식의 일관성 등을 볼 때, 이 모든 글

---

115) *The Missionary*, October 1894.
116) 최은수, 목포, 2025, 오웬과 드류편.

들을 드류가 작성한 것이 아닌가 하는 생각이 자연스럽게 드는 것이다. 그 정도로 드류 박사의 식견은 타의 추종을 불허할 정도였다.[117]

　　드류 선교사의 경험은 그의 삶의 자리, 즉 성장의 과정에서 자연스럽게 스며든 경험에 기초한다고 해도 과언이 아니다. 드류 박사가 전라도의 해안 도시들에 주목한 이유도 그의 배경을 보면 어렵지 않게 알 수 있다. 전라도의 수많은 섬들에 대한 관심과 기대도 마찬가지다. 드류 선교사의 배경은 채널 아일랜드의 건지섬을 비롯한 다도해, 영국 잉글랜드의 남서 해안선, 소머셋 지방의 광활한 농지와 목초지, 미국 메클렌버그 카운티를 중심으로 펼쳐진 로녹강이 거대한 호수를 이루고 대서양과 만나는 자연환경, 버지니아주의 드넓은 농장지대 등을 광범위하게 포함한다. 미 남장로교 파송 선교사들뿐만 아니라 다른 교단에 속한 재한 선교사들을 모두 포함해도 드류 박사만큼 지리학적 소양이 탁월한 인물을 찾기도 쉽지 않다.[118]

　　드류 박사의 지리학적 지식에 근거한 선견지명은, 당시에 남도를 통틀어 나주만 한 지역이 없었음에도 불구하고, 그가 나주를 선교 스테이션 후보지로 거론하지 않은 것만을 보아도 알 수 있다. 그 후로 얼마 지나지 않아서 유진 벨(배유지) 선교사와 해리슨(하위렴) 선교사가 나주를 선교 스테이션으로 낙점하고 집까지 구입하는 등 조성 시도를 하다가 현지인들의 거센 반발에 부딪혀서 결국 포기할 수밖에 없었다.[119] 드류 박사의

---

117) *The Missionary*, October 1894.
118) 최은수, '최초의 의료 선교사 다말 드류 4', *교회와 신앙*, 2025년 2월 5일.
119) George Thompson Brown, 'A History of Korea Mission, Presbyterian Church U.S.,

보고서를 신중하게 고려했다면, 이렇게 시간과 물질을 허비하지 않아도 되었을 것이라는 아쉬움이 남는다.

드류 박사와 레이놀즈 선교사는 1894년 답사여행을 정리하면서 1. 전라도 사람들의 영적 분위기가 무르익어서 추수할 때가 되었으며, 2. 불교 등 다양한 전통신앙은 존재하지만, 전라도 사람들의 영혼이 갈급하여 기독교 신앙을 받아들일 준비가 되어 있다고 영적 흐름을 파악하였다.[120]

■ 공식 보고서 이후에 전해진 새로운 사실들

『더 미셔너리』 저널은 1895년 1월에 드류 선교사 주도로 진행된 1894년 답사여행을 통해 레이놀즈 선교사가 느낀 점을, 드류 선교사의 전문가적 식견에 기초하여 다음과 같이 정리하였다.

우리는 전라도 지역들을 돌아보면서 다음과 같은 사항들에 주목해야 할 필요가 있다고 생각한다. 1. 인구의 밀집도가 높다는 점이다. 25가구 정도의 농촌 마을이 약 5마일 간격으로 자리하고 있다. 2. 전라남북도의 지형과 환경이 너무나 아름답다. 특히 남도의 아름다움은 정말 빼어나다. 3. 300마일에 걸쳐서 전개되는 해안선이 오밀조밀하고 사랑스럽기까지 한 섬들, 아름다운 만(bays)들과 항구들이 절묘하게 어우러져서 환상적인 모습이다. 4. 해안선에 위치한 군산, 목포, 좌수영 등이 선교 스테이션 후보지로서는 최고의 입지이다. 내륙의 곡창

1892-1962', Th.D Dissertation, Union Theological Seminary, 1963, 97 and after.
120) *The Missionary*, October 1894.

지대에서 쌀을 실어 나르는 큰 강들의 하구에 위치해 있어서 더욱 그렇다. 이 후보지들은 해안선에 위치해 있어서 해양과 내륙을 원활하게 연결할 수 있고, 고립되지 않아서 정서에 좋다. 더군다나 아직 전라도 사람들이 살지 않은 곳이어서 건강을 고려한 건물들을 올리기에 해발 높이도 적당하고 좋다. 전주는 내륙에 위치하여 고립된 느낌이 있지만, 이 지역들은 외지인들을 비롯하여 전라도의 각지에서 사람들이 왕래하기 때문에, 하나님 나라 확장을 위해서 복음 서적을 나누어 준다든지 선교 사역을 펼치기에 최적임지들임에 틀림이 없다. 5. 모든 여건이 성숙되고 선교 사역자들이 보강되는 대로 전주, 군산, 목포, 좌수영에 선교 스테이션 부지를 빠른 시일 내에 확보하기를 강력히 추천한다.[121]

여기서 묘사된 지리적인 특징들은 당연히 드류 박사의 인문학적 지식에서 나온 것이기에 재론의 여지 없이 자명한 바다. 전체적인 내용은 공식 보고서의 것과 대동소이하나, 잠재적 선교 스테이션 중에 좌수영이 포함된 것은 특이하다.

■ 드류 선교사의 개인적인 분석: 군산과 목포의 중요성

『더 미셔너리』 10월호에 드류 선교사가 작성한 보고서 위주의 특집은 지면의 제한을 받아서 핵심적인 부분만을 언급했다. 드류 선교사는 더 구체적이고 전문적으로 분석한 글을 가지고 있었다. 드류 박사가 300마일에 걸쳐서 펼쳐진 전라도의 해안에 주목하면서 선교전략적 측면에서

---

121) *The Missionary*, January 1895.

군산과 목포의 중요성을 자세하게 묘사한 글이 있어 소개한다.

'더 미셔너리' 1894년 10월호에 게재된 지도를 볼 것 같으면, 군산 또는 군창은 바닷길을 기준으로 제물포로부터 남쪽으로 200마일 정도의 거리이다. 군산은 1마일 넓이의 금강을 기준으로 남쪽 해안가에 위치해 있다. 금강은 충청도와 전라도의 경계선이기도 하다. 금강 하구에서 30마일 정도 내륙으로 들어가면 강경에 도달한다. 이곳은 약 10,000명의 영혼들이 살고 있으며, 이 두 지방의 경계에 있는 연고로 충청도와 전라도를 통틀어서도 가장 규모가 큰 5일장 중의 하나가 이곳에 열리서 수많은 인파로 붐빈다. 수심이 깊어서 다양한 배들이 여기까지 오르내릴 수 있다. 강경에서 북동쪽으로 30마일 정도 내륙으로 들어가면 공주가 나온다. 공주는 충청도의 군사 요충지다. 공주에서 전주까지는 남동쪽 방향으로 약 30마일 이상 떨어져 있다. 군산에서 공주는 약 40마일 거리이고, 군산은 강경과 전주 사이의 해안가에 위치한다. 아우인 전킨 선교사가 배 위에서 헤아려 보았을 때는 강경 주변에 70개의 마을들이 있었고, 강경의 언덕에 올라가서 본 바로는 비옥한 평야지대에 40개 이상의 마을들이 더 보였다.

이제, 이 작은 배를 타고 군산에 출발하여 해안선을 따라서 약 110마일이나 120마일 정도를 내려가니 또 다른 위엄 있는 강에 도달하였다. 이 강의 하구는 해송으로 빽빽한 섬들을 중심으로 세 갈래로 나뉜다. 이 강(영산강) 하구의 북쪽 강둑에 어머니의 품처럼 편안하고 평화로운 목포항이 자리한다. 유달산을 중심으로 하여 바위로 어우러진 반도 형태이다. 여기에 위치한 이 강은 10마일 정도의 넓이로 펼쳐져서 섬들을 중심으로 크게 두 갈래로 갈라진다. 목포는 한국 정부가 이미 장래의 개항 항구로 지정할 것이라는 분위기가 무르익고 있는 곳이기도 하다. 제물포 세관의 책임자인 오스본 씨가 2개월에서 3개월 동안 이 곳에 머물면서 타당성 조사를 벌이기도 했다. 목포가 개항이 되는 것은 언제 되어도 이상하지 않으며, 이 편지가 도달하기 전에 그리 될 수도 있고, 개항이 연기가 된다 해도 기껏해야 몇 개월 정도일 것이다. 제가 판단하기로는, 일본인들이 목포의 중요성을 먼저 간파하여 여러 경로를 통하여 개항을 줄기차게 요구해 오고 있었기 때문에, 개항은 시간문제라는 것이다.

목포의 개항은 우리 선교부에게도 매우 중요하다. 이는 외국인 관련 모든 사안들이 정부의 외국인청과, 일본, 미국, 유럽 등의 대표들로 구성된 사람과의 실제적인 외교와 통상 관계에 달려 있기 때문이다. 목포의 개항이 결정되면, 우리 선교부도 전라도의 요충지를 중심으로 사역을 펼칠 수 있다. 목포에 선교 스테이션이 개설되면, 여기를 본부로 하여서 이 큰강을 따라 내륙으로 선교의 지평을 넓힐 수 있다. 백 명 단위의 수많은 마을들을 포함하여, 8개의 주요 도시들에 대한 접근성이 확보된다. 목포로부터 이틀이나 삼일 정도에 다다를 수 있는 큰 도시들은 나주, 광주, 무안 등이다. 목포로부터 35마일이나 60마일 사이에 위치한 나머지 세 개의 큰 도시들도 접근성이 용이하다. 이런 도시들은 충청도와 전라도를 포함해서 가장 많은 인구수를 자랑하는 지역일 것이다. 나주는 과거 전라도의 수도였고, 동학농민운동의 피해를 받지 않은 유일한 곳이다.

목포는 육지의 길로 군산과 전주로부터 110마일 정도 거리에 있다. 목포로부터 좌수영은 육로로 100마일 정도 남동쪽에 위치해 있으며, 전주에서 육로로 좌수영을 가도 약 110마일 정도이다. 목포에서 바닷길로 좌수영을 간다면, 대략 130마일 정도의 거리이다. 좌수영은 순천의 남쪽에 있고, 좁은 반도의 한켠에 위치하여 오른쪽으로는 작은 섬이 있다. 좌수영에서 부산까지는 75마일 이상의 거리다. 목포의 큰 강(영산강)을 이용하여 전주로 간다면 수로와 육로를 이용하니 보다 이동이 용이할 것이다. 이미 한국 정부가 세대의 증기선을 운영 중이며, 3주에 한 번 또는 매달의 한 번 군산, 목포, 좌수영을 들러서 제물포와 부산 사이를 다니기 때문에, 우편이나 물자공급을 위해서는 보다 저렴한 비용으로 활용할 수 있다.

여기서 제기한 중요 거점들은 한국선교부가 전라도에서 사역을 펼쳐 나가는 데 있어서 필요성을 충족시켜 준다. 군산, 목포, 좌수영은 이미 방문했던 모든 지역들과 더불어 답사를 마친 곳들이다. 이 거점들은 모든 면에서 사역자들의 건강을 고려한 곳들이며, 주변에 수많은 사람들이 살고 있어서 사역을 펼치기에는 더할 나위 없이 용이한 접근성을 가지고 있다. 우리의 목적은 선교사들의 편의에만 국한되지 않고, 그곳에 살고 있는 사람들에게 우리가 다가갈 수 있는 최적의 장소들을 마련하는 데 있다. 우리가 전라도로 가서 그들과 더불어 살면서 사역을 펼쳐야 되는 이유들은 너무나도 많다. 이 거점지역들을 중심으로 1주일간의 순회사역을 효과적으로 펼칠 수 있으며, 각 거점의 선교사 사택으로부터 하루나 이틀 정도의 거리에 마을들이 있다. 제 생각으로는, 만일 군산에서 배로 사역을 나간다면, 이틀 미만의 선박 운용으로 250,000만 명 정도의 사람들에게 다가갈 수 있다는 것이다. 복음 전파, 의료사역, 전도용 책자들의 보급을 통해서 말이다.[122]

....
122) Drew, 'Korea' in *The Missionary*, January 1896.

4-2

역사의 소용돌이 속에서 펼쳐진 서울 의료사역

'현재 한국에는 제대로 훈련된 간호사가 한 명도 없습니다. 새롭게 조직된 적십자사에서 사역할 의료진이 정말 시급합니다.'

-알레산드로 다말 드류-

■ 구한말 역사의 한복판에 서다

미 남장로교 한국선교부를 포함하여 여타의 교단 선교부까지 망라하여도 드류 박사만큼 국제정세와 같은 인문학적인 식견을 견줄만한 인물이 많지 않았다. 42일간에 걸친 미래의 선교 스테이션 선정을 위한 여정 가운데서도 전라도의 민심은 흉흉하였다. 실제로 1894년 1월 11일부터 1895년 12월 25일까지 지속된 동학농민운동은 한국의 역사를 비롯하여 동아시아에서 국제적인 역학 구도가 깨지면서 일본이 초강대국으로 급부상하게 된 단초가 되었다.[123] 드류 박사는 동학농민운동, 일제의 경복궁 점령, 청일전쟁, 을미사변 등의 역사적 소용돌이 속에 있었다.

---

123) Brown, Th.D. Dissertation, 102 and after.

1894년 7월 2일 월요일에 작성된 드류 박사의 글은 당시 한반도의 분위기를 생생하게 느끼게 한다.

서울이 일본군의 수중에 있다. 그들이 서울에 주둔한 지 3주가 넘어가는데, 매우 질서정연하게 민간에 피해도 주지 않고 병영을 지키고 있다. 지금까지는 단 한 발의 총성도 들리지 않고 훈련에만 열중하는 모습이 처음부터 신사답게 태어난 것처럼 보였다. 서대문의 서울 선교 스테이션에서 바라보면 일본군 주둔지의 일부만 보이고 남산의 북쪽 능선으로부터 1마일 정도 떨어진 곳에 위치한다.

나의 글을 읽는 독자들이 우리보다 더 자세한 정보를 얻고 있으리라고 생각된다. 여기는 뉴욕이나 런던에서 발행되는 신문들이 없어서 우리는 단지 소문과 추측에만 의지하고 있다. 각 영사관에서 흘러나오는 소식들과 현장에서 목격한 한국인들이 전해 주는 소식들이 우리가 가진 전부다. 우리가 확실히 아는 것은 서울에 10,000명 정도의 일본 군대가 주둔하고 있으며, 제물포에는 일본군 함대와 전쟁에 소용되는 물품들이 많다는 것이다. 일본군 전투함 2대가 여기서 4마일 정도 떨어진 한강에 정박해 있으며, 거기에 진지를 구축하였다는 사실이다. 일본 군대는 수 마일에 걸쳐서 방어선을 구축했고, 낮에는 일본 국기가 나부끼고 밤에는 조명탄을 발사하는 모습을 볼 수 있다. 청나라의 주력부대가 북에서 남하 중이고, 바다로는 청나라의 군함이 제물포의 남쪽에 정박하여 군대가 주둔 중이고, 전라도의 항구에도 동일한 상황이라는 것이다.

대영제국은 청나라의 편에 섰으며, 일본제국은 대영제국과 청나라의 적대국인 러시아제국과 동맹관계이다. 프랑스는 러시아제국과 최근에 동맹을 맺어서 러시아의 움직임에 촉각을 곤두세우고 있다. 미국은 언제나 엄격하게 중립을 유지하고 있다. 미국의 여객선 볼티모어호와 군함들이 여차하면 자국민들을 운송하고 보호하기 위해 제물포에 정박 중이고, 해병대가 미국의 이익을 지키기 위하여 조만간 제물포에 도착할 예정이다.[124]

■ 적십자사(The Red Cross Society) 창립에 기여하다

드류 박사는 일본제국과 청제국 간의 군사적 충돌 가능성이 비등하고 있던 1894년 7월을 전후하여 미 북장로교, 미 남장로교, 미 북감리교 소속의 의사들을 중심으로 적십자사를 조직하는 일에 참여하였다.[125] 각 선교부에 소속된 선교사들을 중심으로 훈련된 간호사가 한 명도 없는 상황에서 의사 선교사들을 어떻게 도울 수 있는지 교육을 실시하였다. 의사 선교사들은 강의와 시범을 보여 주며 전쟁에서 부상당한 군인들과 민간인들을 어떻게 간호할 수 있는지 교육하였다. 아울러 가장 기본적인 거즈 활용, 소독, 붕대 감기 등을 급한 대로 알려 주었다. 드류 박사가 계산해 볼 때, 만일 전쟁이 발발하게 되면, 전쟁의 여파가 상당히 오래 지속되고, 농사를 제대로 경작하지 못함으로 아사자가 속출할 것으로 내다봤다. 게다가 부상자를 치료하는 의료용품들도 턱없이 부족할 것이라고 예상했다.[126]

---

124) A.D. Drew, 'Notes from Seoul', July 2 1894 in *The Missionary*, September 1894.
125) *Ibid.* 이규원, 최은경, '대한적십자사병원(1905-1907): 설립 및 운영, 그리고 폐지를 중심으로', *Korean Journal of Medical History*, 2018년 8월 31일, 27(2), 151 이후와 비교하라.
126) A.D. Drew, 'Notes from Seoul', July 2 1894.

■ 밀려드는 세례 신청자들

드류 박사가 이 기록을 남기기 하루 전인 7월 1일 주일에 독일 영사와 그의 가족들이 소지품을 챙겨서 서울을 떠났다. 모든 중국인들과 엄청난 수의 한국인들이 서울을 떠나 피난길에 오르고 있었다. 드류 박사는 전국이 피난민들로 넘쳐난다고 기록했다. 그런 치안 공백을 틈타서 도적 떼가 날뛰고 있었다. 당시 서울의 기독교인이든 아니면 그들의 일가친척이나 친구나 할 것 없이 선교사들의 거처가 그래도 안전하다는 생각을 하였다. 그러기 위해서는 세례를 받아야 한다고 판단하여 갑자기 세례 신청자의 수가 급증하였다.

드류 박사와 선교부의 입장에서는 그들을 서울 선교 스테이션에 수용할 수가 없다고 판단하였다. 그 이유는 1. 선교사 자신들도 상황이 악화되거나 본국의 명령이 있으면 선교기지를 떠나야 하는데 그들 모두의 안전을 책임질 수 없었기 때문이다. 2. 더군다나 이런 혼란을 틈타서 외국 세력들에 대하여 반감을 가진 사람들이 순수한 세례자들 틈에 섞여서 선교 스테이션으로 들어온다면, 선교사들과 그 가족들의 안전을 담보할 수 없었기 때문이다.[127]

한국에 파송된 지 6개월도 되지 않아서 드류 선교사는 인생에서 한 번도 경험해 보지 못한 전쟁의 위기를 직감하고 있었다. 그는 조만간에 이

---

127) *Ibid*.

러한 불안이 해소되고 할당된 전라도 선교지로 내려가서 구령에 집중하고 싶다는 견해를 강하게 피력하였다. 외국인이든 내국인이든 서울을 떠나려는 급박한 분위기 속에서도 드류 박사를 포함하여 미 남장로교 한국 선교부는 서울 선교 스테이션을 떠나지 않고 정세의 변화를 고대하고 있었다.

■ 1894년 드류 선교사의 일기: 일본군의 경복궁 점령

1894년에 42일간의 선교 스테이션 선정을 위한 답사여행에서 레이놀즈는 일기를 작성하였고, 이 일기로 말미암아 이때의 답사 하면 레이놀즈라는 식의 편향적인 오해가 오랫동안 굳어져 왔다. 그래도 늦게나마 드류 선교사의 주도였다는 사실이 밝혀져서 사필귀정되었다. 1894년에 레이놀즈의 일기만 있었던 것이 아니다. 역사의 격랑 속에서 드류 선교사도 중요한 일기를 남겼다. 그것도 일본제국이 한반도의 주도권을 잡게 되는 역사적 순간들을 생생하게 일기에 담았다. 1894년 7월 23일 서울에 주둔한 일본군은 경복궁을 점령함으로 일제가 친일정부를 세우고 한반도의 주도권을 잡게 되었다.[128] 이 중요한 역사적인 순간에 드류 박사는 위험을 무릅쓰고 혼란의 현장을 직접 다니며 자신이 목격한 내용을 위주로 기록하였다.[129]

---

128) 조재곤, '1894년 일본군의 조선왕국(경복궁) 점령에 대한 재검토', *서울과 역사*, 2016년, vol. 94, 45-80과 비교하라.
129) 1894 Diary of Dr. A.D. Drew in *The Missionary*, January 1895.

7월 23일 월요일

일본 군대가 경복궁을 점령했다. 양측 간의 총격전은 30분 정도 지속되었다. 처음에 일본군이 왕궁 주변을 완전 포위하고 문을 열라고 요구하였으나, 거절되었고, 총격전이 시작되었다. -중략- 왕궁은 일본군의 통제 아래 있게 되었다.

7월 24일 화요일

오전 9시경에 내가 경복궁을 방문해 보니 완전히 일본군대의 통제 아래 있었고, 경복궁 뜰에 주둔지를 만들려고 필요한 물품들을 옮기고 있었다. 한국 사람들은 엄청난 공포감에 사로잡혔고, 피난을 떠나는 사람들로 거리는 분주했다. 그렇게 많은 여인들을 본 것은 내가 한국에 온 이후에 처음이었다.

7월 25일 수요일

나는 경복궁 담을 끼고 한 바퀴 돌았다. -중략- 경복궁 문을 부수려고 처음에는 불로 태우려고 했으나, 대문이 두꺼워서 여의치 않자 폭약을 설치하여 터트리고 궐내로 진입하였다. -중략- 나는 오직 한 발의 총탄 흔적만 발견하였다. 대부분의 전투는 궐내에서 벌어졌다.

7월 26일 목요일

지난 이틀 동안 일본군대가 서울을 떠나서 남쪽으로 이동하였다. 더군다나 거의 대부분의 일본 상인들이 가족들을 데리고 일본으로 떠났다.

7월 27일 금요일

300명의 일본군 병사들이 서울을 떠나 원산으로 갔다는 소문이 돌았다.

7월 28일 토요일

1,500명의 청나라 군대가 한국으로 파병되었다는 소문이 무성했다.

7월 29일 주일

국왕이 포고문을 발표하여 모든 백성들은 집으로 복귀하여 생업에 종사하라는 것이었다.

7월 30일 월요일

1885년에 체결된 천진조약이 파기되었다.

7월 31일 화요일

남쪽과 서쪽으로 피난 갔던 사람들이 복귀하였다. 많은 상점들이 문을 열었고, 언뜻 보아서는 평소와 다를 것이 없었다.

8월 1일 수요일

남쪽의 아산 근처에서 여러 번의 전투로 청나라 군인 800명과 일본군 200명이 전사했다는 소문이다.

8월 2일 목요일

어제의 소문이 사실로 확인되었다. 전투에서 패한 청나라 군대가 남쪽으로 도망쳤고, 일본군은 포로를 잡아서 서울로 곧 올라올 것이다.

8월 3일 금요일

일본군은 각 성문의 경계를 대폭 강화하였다. 아산 전투에서 일본군 75명과 청나라 군인 500명이 전사하였다. 일본군은 많은 포로들을 사로잡았고, 나머지 청군은 도주하였다.

8월 4일 토요일
일본군이 남대문의 성문 밖에 조형물을 설치하고 있으며, 여기 중앙에는 일본 국기와 한국 국기가 나란히 위치하고 있다.

8월 5일 주일
아산 전투에 참여했던 일본군이 아침 일찍 복귀했다. 잠시 휴식을 취하다가 북쪽으로 이동하여 청나라 군대를 맞을 것이다. 대영제국의 군함 2척이 제물포에 도착하였다.

8월 7일 화요일
각국 대사관들을 중심으로 확인된 소식은 일제와 청제국 사이의 전쟁 선포가 공식화되었다는 것이다.

8월 8일 수요일
25,000명의 청제국 군대가 압록강을 넘었다.

8월 9일 목요일
대영제국의 군함이 모두 7척이며 모두 최신형이다.

-중략-

9월 10일 월요일
100명의 일본군인들이 또다시 궁궐로 진입하여 순찰을 맡았다.[130]

인문학적인 소양을 갖춘 낭만닥터 드류 선교사가 쓴 그의 일기는 현장 중심의 살아 있는 역사 기록인 것이다.

당시 서울 거리의 풍경이다.

■ 불교 사찰의 염불과 기독교식 예배

미 남장로교 파송 선교사들이 기회가 닿는 대로 전라도 선교지를 간헐적으로 방문했지만 동학농민운동의 여파 속에서 모든 여건이 성숙되기만을 바라며 서울에 머물고 있었다. 1895년 여름은 그들 모두에게 특별

---

130) *The Missionary*, January 1895.

했다. 한국의 고온다습한 여름 날씨를 피해서 몸과 마음과 영혼의 안식을 누릴 수 있는 적합한 곳을 찾았는데, 그곳이 바로 관악산 기슭에 위치한 삼막사였다. 서울 선교 스테이션의 선교사들과 그 가족들은 1895년 6월 19일 수요일에 삼막사로 피서를 떠났으며, 여름의 열기기 사그라든 초가을까지 12주 동안 체류하였다. 그 인원에 맞게 삼막사에서 거주 공간도 마련하고 수리와 간단한 증축도 했으므로, 엄밀히 말해서 피서이기는 하지만 또 다른 사역이었고, 작은 선교 스테이션이라고 하는 것이 더 정확하다.[131]

드류 박사의 가족도 삼막사로 올라가서 공동생활에 참여하였다. 삼막사가 불교 사찰이었기 때문에, 불공을 드리러 오는 사람들이 서양 선교사들을 '구경'하느라고 분주하였고, 선교사들도 마찬가지로 한국 사람들과 한국 불교의 종교의식을 '구경'하면서 망중한을 보냈다.[132] 드류 선교사 가족을 비롯한 미 남장교 선교사들의 삼막사와 얽힌 크고 작은 이야기들은 유진 벨과 로티 위더스푼 벨 선교사 부부의 편지를 통해서 자세하게 묘사되었다. 로티 위더스푼 벨 선교사는 처음에 '삼막사'에서 보내는 편지라고 지명을 쓰다가, 곧 '관악산'에서로 편지를 보내는 장소를 바꾸었다. 남편인 유진 벨 선교사가 1895년 7월 8일 자 편지에서 '관악산'이라고 발신처를 언급했고,[133] 7월 9일 날짜부터 로티 위더스푼 벨 선교사도 남편의 표현을 따라서 편지를 보내는 장소를 동일하게 명기하기 시작하였

---

131) Lottie to Mother, June 24 1895, Sam Mok Sa.
132) Lottie to Florence, June 26 1895, Sam Mok Sa.
133) Eugene Bell to Sister, July 8 1895, Kwan Ak San.

다.[134] 불교 사찰 이름인 삼막사보다 관악산이 보다 포괄적인 지명이라고 생각했던 것 같다. 한국의 수도에서 발신하는 경우 서울이라고 명시하듯이 말이다.

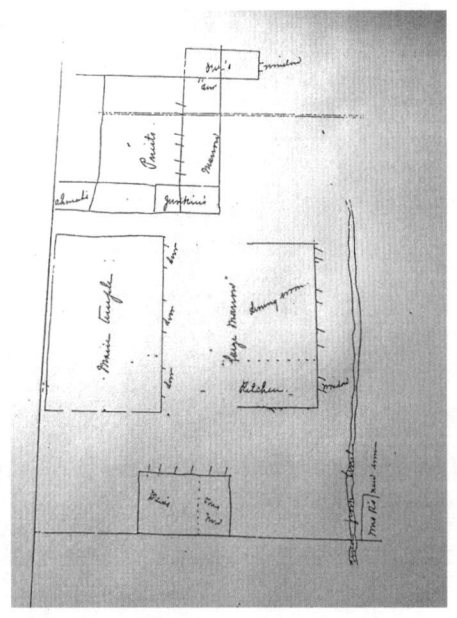

로티 위더스폰 벨 선교사가 그린 관악산 삼막사의 선교사 숙소. 선교사들이 필요한 공간을 마련하기 위해 증축도 했고, 각자에 맞게 인테리어를 하느라 분주했다.

선교사들이 삼막사에서 본 불교의식은 당시를 기준으로 600년 된 대형 사찰에서 매일 두 번씩 법회를 가졌다. 각 의식은 촛불을 밝히고, 절을 하고, 큰 소리로 염불을 외우고, 쌀을 공양하며, 목탁을 치는 등의 순서

---

134) Lotti to Mother, July 9 1895, Kwan Ak San.

로 진행되었다.[135] 선교사들은 기독교 예배와는 다른 종교의식을 신기하게 생각했다. 선교사들은 매일 아침 식사 후에 한국어로 진행되는 기도회를 가졌는데, 주로 전킨 목사 선교사와 레이놀즈 목사 선교사가 인도하였다. 매일 기도회는 한국어 찬송가 두 곡과 인도자가 정한 성경구절을 읽고 약간의 설명을 하고, 기도하고, 모두 한목소리로 주기도문을 외우고 마쳤다. 인도자들이 출타하고 없을 때는 전킨 선교사의 요리사이며 기독교인인 이 서방이 '마루'에 모인 사람들을 위해서 한국어로 기도했다. 삼막사의 승려들도 선교사들이 드리는 기독교식 예배에 관심이 많았다. 한번은 주지 승려가 방문하여 자신의 모친이 한국어 찬송가를 무척이나 좋아하신다고 전하기도 했다.[136]

관악산 삼막사가 더위도 피하고, 물도 시원하고, 공기도 맑고, 경치도 빼어나서 좋기는 하였지만, 잠을 설치게 하는 빈대, 벼룩, 모기 등으로 고생이 이만저만한 것이 아니었다. 이런 문제는 특히 선교사들이 답사여행이나 순회사역을 할 때면 감수해야 하는 일종의 통과의례와 같은 것이었다.[137]

■ **1895년 콜레라에 맞서다: 국립 피병원과 사립 선교사콜레라병원**

드류 선교사 가족을 포함하여 미 남장로교 선교사들이 관악산 삼막사

---

135) 장진엽, '내한 선교사 피서지 관악산 삼막사의 공간적 의미 탐색', *서울학연구*, 2024, No. 94, 1-45를 참고.
136) Lotti to Florence, June 26 1895, Sam Mok Sa, Korea.
137) *Ibid*.

로 피서를 떠나는 전후로 '콜레라'가 창궐하기 시작하였다. 대략 1895년 5월 전후로 시작하여 9월 전후까지 한반도를 강타하였다.[138] 이 당시 평안북도에서만 6만 명 이상이 콜레라에 전염되어 사망하였다.[139] 1895년 어간에 정부의 대대적인 개혁이 진행되고 있어서 그나마 다행이었다. 정부는 동년 7월 4일에 '검역 규칙'을 제정하였고, 7월 14일에는 '호열자병 예방 규칙'을 시행하였다.[140] 이런 조치들로 검역소와 피병원을 인천, 평양, 의주에 설치하기로 결정하였다.

■ 국립 피병원

1895년 7월에 들어서면서 수도권에도 콜레라가 유행할 징조를 보이자 정부는 동대문 근처에 있던 하도감을 피병원으로 사용하도록 조치를 취했다. 국립 피병원의 책임자로는 제중원의 에비슨 박사가 맡았고, 각 선교부의 의사 선교사들이 의료진으로 합류하였다. 하지만 국립 피병원은 병원으로서의 기본 시설조차 되어 있지 않은 곳이어서 콜레라 환자들의 치사율이 75% 전후로 높았다. 관악산 삼막사를 오르내리며 도움의 손길을 펼치던 유진 벨 선교사는 33.3% 정도만이 차도를 보였다고 생각하였

---

138) 기창덕, '조선시대말 개명기의 의료 2', *Korean Journal of Medical History*, 1997, 6-1, 1-48 참조.
139) 정태화, 이복권, 김호훈, '지구촌 콜레라 유행의 역사와 우리 나라의 현황', *임상병리검사과학회지*, 1995, 27-1, 13-14; 조우현, 박종연, 박춘선, '우리나라 근대 병원의 등장-19세말 20세기 초의 병원들', *Korean Journal of Medical History*, June 2002, 11-1, 24.
140) 이꽃메, 황상익, '우리나라 근대 병원에서의 간호: 1885-1910', *Korean Journal of Medical History*, 1997, 6-1, 5.

다.[141] 정부가 피병원과 방역을 위해서 거금 2,000불을 집행한 것에 비하면 국립 피병원의 상황이 기대에 미치지 못하였다.

당시 관악산 삼막사에 있거나 서울 선교 스테이션을 오가며 사역하던 미 남장로교 선교사들은 드류 박사와 같은 의사가 단 한 명이라도 곁에 있는 것만으로도 감사한 일이라고 생각하였다. 드류 선교사는 콜레라가 점점 더 선교사들이 체감할 정도로 가까이 다가오자, 그가 가진 의학적 전문 지식을 바탕으로 섭생과 위생에 만전을 기하도록 교육하였다. 삼막사에 있던 미 남장로교 선교사들이 어느 정도 안심할 수 있었던 이유는 1. 그들이 콜레라가 급속도로 확산되던 도성으로부터 약 10마일 정도 떨어진 곳에 있었고, 2. 드류 박사가 일러 준 방역수칙을 준수하고 있었기 때문이다. 드류 박사의 콜레라 예방수칙은 손과 입 씻기, 모든 음식을 반드시 익혀서 먹기, 오직 입을 통해서만 전염이 된다는 것이 핵심이었다. 이런 교육을 받은 선교사들은 콜레라에 대하여 공포감이나 위기감을 크게 느끼지 않았으며 심리적 안정감을 유지하였다.[142] 반면 한국민들은 콜레라에 대한 두려움이 극심하여 내면으로부터 공포심에 휩싸여 있어서 전염병에 노출되기 전부터 면역력이 저하되어 있었다. 그만큼 콜레라(호열병)는 참으로 오랫동안 한국민들의 삶을 고단하게 만들었던 것이다.

---

141) *Ibid*; Eugene Bell to Dr. Witherspoon, August 13 1895, Kwan Ak San, Korea.
142) Eugene Bell to Mother, August 12 1895, Seoul, Korea.

■ 사립 선교사콜레라병원

드류 박사와 각 선교부의 의사 선교사들은 여건이 되는 대로 에비슨 박사가 책임을 맡고 있는 국립 피병원을 돕는 등 콜레라 퇴치의 최전선에 섰다. 청일전쟁의 위기가 돌기 시작할 무렵에 드류 선교사를 포함하여 남장로교, 북장로교, 남감리교 파송 의사들을 중심으로 적십자사를 만들었기 때문에, 의사 선교사들의 협력과 소통은 원활한 편이었다. 드류 박사를 포함한 의사 선교사들은 국립 피병원만으로는 넘쳐나는 환자들을 돌볼 수 없다고 판단하여 북장로교 언더우드 선교사의 간이 진료소를 콜레라 병원으로 전환하는 등 발 빠르게 대처하였다. 드류 박사도 이러한 콜레라 대처에 전방위적으로 협력하면서, 서대문 밖에 있던 전킨 선교사의 사랑채를 콜레라 병동으로 전환하여 환자들을 치료하였다.[143] 콜레라 환자를 제외하고도, 전킨 선교사의 사랑방 간이 진료소에서 드류 박사가 진료한 기록만 해도 800회를 상회하였다.[144] 거금을 투자한 국립 피병원보다 사립 선교사콜레라병원이 치료율이 두 배 이상 높았다. 국립 피병원이 33.3%였던 반면, 사립 선교사 콜레라 병원은 66.33%를 상회하였다.[145] 미 남장로교 선교사들과 직접적으로 관련이 있는 조력자들과 그 가족들에게 콜레라는 참으로 공포스러운 존재였다. 드류 선교사의 방역 지침대로 협력하던 유진 벨 선교사의 경험담을 보자.

---

143) W.M. Junkin, 'Korean Notes' in *The Missionary*, May 1896.
144) *The Missionary*, January 1896.
145) Eugene Bell to Dr. Witherspoon, August 13 1895.

나는 국립 피병원에서 하룻밤을 꼬박 지새면서 간호사와 같은 역할을 하였다. 그런 다음 콜레라에 걸린 환자들의 집을 방문하여 약도 건네주고, 나머지 가족들이 전염되지 않도록 위생을 청결히 하도록 안내하였다. -중략- 콜레라는 치명적인 병인 것이 처음 증상이 나타나자마자 몇 시간 내로 죽음에 이르고 엄청난 고통을 동반하니 말이다. 서울에서만 1,000에서 1,500명 정도가 이미 죽었으며, 매일 50에서 100명의 사람들이 죽어 나가는 것으로 집계된다. 전킨 선교사의 어학선생도 콜레라에 감염되었다가 회복하였다. 레이놀즈 선교사의 대문지기는 지난 주일 아침에 증상을 보이더니 밤 무렵에 죽고 말았다. 서울에서 관악산 삼막사까지 선교사들의 생필품을 운반했던 가마꾼도 콜레라에 걸렸다. 그의 감염 사실을 알고 찾아가서 의약품을 주었더니 그는 회복했는데, 그의 부인은 첫 증상을 보인 후 24시간을 넘기지 못하고 사망하였다. 이러한 사실들은 콜레라가 우리에게 얼마나 가까이 있는지를 보여준다.[146]

1895년 콜레라 대유행은 9월까지도 지속되었지만, 여름이 지나고 선선한 가을로 접어들면서 기세가 꺾였다. 물론 단번에 그리 되지는 않았고, 선교사들이 느끼기에도 콜레라 전염의 정도가 변화무쌍했으니 말이다.[147] 콜레라로 한바탕 전쟁을 치르는 와중에, 드류 선교사는 1985년 8월 1일 밤에 아들을 얻었다. 신생아 평균보다 약간 더 몸무게가 나가는 9.25파운드의 건강한 아기였다.[148] 이 사내아이는 실로 '콜레라 보이'로 불러도 무리가 없을 정도로 그런 병마를 맞서며 태어났다. 드류 박사는 친동생보다

---

146) *Ibid*.
147) Lotti to Mother, August 22 1895, Kwan Ak San, Korea.
148) Lotti to Mother, August 1 1895, Kwan Ak San, Korea.

도 더 가까운 오웬 선교사를 생각하며, 아들의 이름을 '클레멘트 오웬 드류(Clement Own Drew)'라고 명명하였다. 보통 부모의 직계나 존경하는 친인척의 이름을 자녀에게 붙여 주는 것이 관례였기 때문에, 드류 박사가 아들의 이름에 오웬 선교사의 전체 이름을 넣어 작명한 일은 시사해 주는 바가 실로 크다고 하겠다. 이는 단지 오웬 선교사가 형님 드류 박사를 위해 소정의 물질적인 후원을 했다는 이유만으로 그리할 수는 없는 것이었다. 웬만한 물심양면의 후원으로는 설명이 안 되고, 이보다 훨씬 더 크고 근본적인 유대가 형성되어 있었기에 가능한 일이었다. 드류 박사의 아들, 클레멘트는 앞에서 드류 박사의 일기를 통해 본 대로 콜레라뿐만 아니라 국제적인 역학관계의 크나큰 소용돌이 속에서 태어난 드류 부부의 유일한 아들이었다.[149] 드류 선교사는 1894년 7월 1일에 클레멘트의 1살 누나로 태어난 루시 다말 드류를 위해서 한국식으로 돌잔치를 베풀기도 했다.

서울에서 태어난 첫째 딸인 루시 다말 드류와 1살 아래인 둘째이자 첫아들인 클레멘트 오웬 드류.

149) Eugene Bell to Mother, August 2 1895, Kwan Ak San, Korea.

4-3

군산 선교 스테이션의
중요성을 간파하다

'정식 교인이 되고자 하는 사람들은 예수님의 모범을 따라서 진실된 생활신앙의 결실을 보여야 합니다.'

-알레산드로 다말 드류-

지금까지 일관성 있게 강조한 대로, 드류 선교사는 역사, 문화, 지리 등 인문학적인 자질이 타의 추종을 불허할 만큼 특별한 면이 있었다. 드류 박사를 연구하면 할수록 이런 확신이 더욱 굳어지는 것은 우연이 아니다. 구한말 세계열강들의 각축장이 되었던 한반도의 역사 속에서 미 남장로교 선교사들은 국내외적인 모든 상황들이 정리되어 하루라도 빨리 전라도 선교지로 달려가고픈 마음뿐이었다.

1894년 3월 27일부터 펼쳐진 드류 박사와 레이놀즈 선교사의 장래 선교 스테이션 적임지 물색을 위한 답사여행은 미 남장로교 해외 선교 실행위원회, 한국선교부, 그리고 모든 선교사들에게 선교 현장을 이해하는 데 있어서 실질적인 정보를 제공하였다. 실제로 드류 선교사와 레이놀즈 목사 선교사가 제안한 선교 기지 후보들 중에 군산, 전주, 목포, 순천이 차

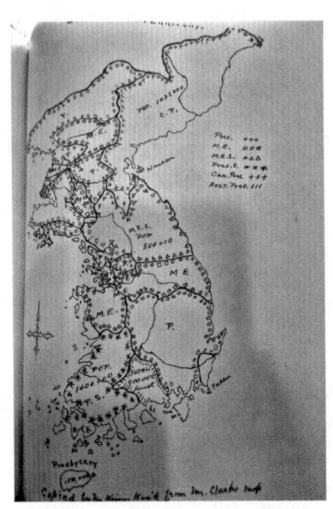

각 선교부의 선교 구역. 미 남장로교 한국선교부는 초기에 충청도와 전라도를 담당했으나, 시간이 지나면서 전라도에 집중하게 되었다.

례로 선교 스테이션으로 발전한 것만 보아도 그들의 선견지명이 범상치 않았음을 알 수 있다. 드류 선교사의 주요 활동 영역인 군산은 충청도와 전라도의 경계에 있고, 내륙을 연결하는 금강, 동진강, 만경강을 아우른다. 드류 선교사가 주도하고 레이놀즈 선교사가 공동명의로 정리해서 공개한 보고서 중에 군산에 대한 내용을 보자.

군창(군산)
서울에서 150마일 남쪽에 있으며 바다와 금강하구가 만나는 지점에 위치해 있으며, 전라도와 충청도의 경계에 있다. -중략- 군산에 한 선교 스테이션이 세워져야 하는 이유는 세 가지다. 1. 접근성이다. -중략- 2. 전라도의 중심지인 전주로 선교 물품들을 공급하는 전초기지 역할이다. -중략- 3. 주변 지역에 인구가 많다는 점이다. 두 명의 선교사가 감당하기에 벅찰 정도로 많은 인구가 살고 있다. 우리는 1895년 봄이나 가을 정도에 선교 스테이션이 세워져서 내년 가을 정도에는 사역을 시작하게 되기를 간절히 소망한다.[150]

드류 박사와 레이놀즈 선교사가 생각한 군산의 입지는 접근성, 전주로 가는 해상 관문이자 연결성, 그리고 주변에 복음화의 대상인 전라도 사람들이 많이 살고 있다는 밀집성 등이다. 1894년을 기준으로 보자면, 미국 남부의 버지니아 출신의 선교사들이 80%를 차지하였다. 그래서 선교사들은 항상 버지니아를 기준으로 전라도를 비교하곤 했다. 한국 선교지의 기후도 버지니아보다 좋고, 전라도의 토양이 좋아서 각종 곡식과 채소들이 풍성하다고 다양한 경로를 통하여 소개하였다.[151]

전라도는 좋은 땅을 바탕으로 곡식과 채소가 풍성하다. 평화로운 농촌의 풍경.

---

150) *The Missionary*, October 1894.
151) *Ibid*.

추수를 마치고 초가지붕을 새로 올리는 모습. 전형적인 전라도 사람들의 일상.

전라도 아이들의 놀이가 흥겹고 평화롭다.

드류 선교사는 군산 선교 스테이션을 개설하고 존속시키는 과정에서 결정적인 역할을 한 것으로 널리 알려져 왔다.[152] 드류 선교사의 배경에 대한 연구를 통해서, 필자는 그가 군산의 선교 입지적 중요성을 간파하게 된 요인들을 다음과 같이 제시한다.

---

152) Mrs. Anabel Major Nisbet, *Day In and Day Out in Korea* (Richmond 1920), 25-27; Brown, Th.D. Dissertation, 144.

첫째로, 드류 박사가 영국 잉글랜드의 다도해인 채널 아일랜드의 건지 섬에서 출생하였고, 부친과 모친 등 양가의 조상들이 거기서 대대로 살아오며 자연스럽게 전해진, 가문의 섬문화 유산을 물려받았다는 것이다. 드류 선교사는 군산 앞바다에 산재한 고군산도의 아름다움에 친숙함을 느꼈고, 신안섬들의 수려함과 남해안의 다도해를 바로 보며 만감이 교차하였던 것이다. 전라도의 섬들을 바라보는 드류 선교사의 시각은 분명 정확하고 남달랐다.

둘째로, 드류 박사가 영국 잉글랜드의 서남에 위치한 긴 해안선에 익숙하였고, 그와 연관된 수많은 추억은 중요한 자산이 되었다. 그가 300마일에 걸쳐서 길게 뻗어 있는 전라도의 해안선에 매료될 수밖에 없었던 이유가 여기에 있다. 군산이 그 출발점이었다.

셋째로, 영국 잉글랜드 남쪽 해안선에 대한 이해는 드류 선교사가 전라도의 해안 거점들인 군산, 목포, 우수영, 순천, 좌수영 등의 선교적 중요성을 피력하는 근거가 되었다.

넷째로, 영국 잉글랜드의 소머셋주에 펼쳐진 광활한 농경지와 목초지, 그리고 미국으로 이민 온 후 살았던 버지니아의 드넓은 경작지에서의 경험 또한 전라도의 좋은 땅을 알아볼 수 있는 중요한 자산이었다.

다섯째로, 영국 잉글랜드의 청교도적 비국교도 전통, 정통 감리교회(Primitive Methodist Church), 독립교회 내지 회중교회, 미 남장로교회 등에서 신앙생활을 하면서 얻은 정통성과 다양성의 자산도 빼놓을 수 없는 요소였다. 드류 선교사가 경험한 신앙의 전통은 침례교, 성결운동, 오순절, 영국 성공회, 그리고 청교도 소수파에 해당하는 부분까지 총망라하였다. 이런 다양한 경향들을 이해하고 체득한 사람은 많지 않았다. 좋은 땅에 뿌리를 내리고 살아가던 전라도와 군산 주변의 사람들을 이해하고 포용하기에는 드류의 신앙 자산이 더할 나위 없이 좋은 장점을 가지고 있었던 것이다.

여섯째로, 부친 토마스 드류 목사가 한 영혼을 찾아 영국과 미국에서 순회사역을 펼친 열정과 해외 선교를 통하여 미전도종족에 대한 이해를 드류 선교사가 물려받은 것이야말로 소중한 자산임에 틀림이 없다. 군산과 그 인근에 살던 사람들을 섬기고 봉사하는 일에 귀하게 사용되었으니 말이다.

일곱째로, 부친 토마스 드류 목사가 병원 운영을 돕거나 병원 설립에 적극적이었던 점, 그리고 의료 선교의 중요성을 누구보다도 잘 이해하고 있었던 부분은 드류 선교사로 하여금 한국과 전라도와 군산에 와서 서양 의술을 펼칠 수 있었던 원천이 되었다.

4-4

군산 선교 스테이션
간이 진료소 및 약방 시대

'우리의 기도들이 응답되어 얼마나 감사한지 모른다.'

-알레산드로 다말 드류-

■ 1895년 군산 사역을 위한 준비들

국내외 정세의 불확실성 속에서도 드류 선교사는 군산으로 가기 전에 몇 가지 중요한 사역들을 통해서 준비에 만전을 기했다.

1. 미 북장로교 연례회의와 장로교 공의회 모임에 연이어 참석하여 한국 선교의 동향을 파악하고 관련 정보들을 수집하였다. 드류 선교사가 미 남장로교 한국선교부 소속이었는데도 미 북장로교 한국선교부는 그에게 발언할 수 있는 기회를 주었다. 하지만 타 교단 소속이라서 투표권은 불허하였다. 이 모임들을 통해서 드류 박사는 소위 '쌀 교인', 즉 무슨 대가를 바라고 기독교 신자가 되려는 명목상 신자들에 대하여 경계하는 계기가 되었다. 미 북장로교 한국선교부는 말로만 기독교 신자가 아니라 행함과 진실함으로 실천하는 생활신앙을 강조하였던 것이다. 그는 한국

선교를 먼저 시작한 미 북장로교가 두 명의 목사 선교사들, 두 명의 남자 의사들, 여의사 한 명, 정식 간호사 한 명, 독신 여선교사 두 명, 미션 스쿨 행정직원 한 명 등 총 9명의 인력보강 요청 계획을 보면서 도전을 받았다. 아울러 당시 양반계급의 상류층들이 일체의 육체노동을 하지 않는 것에 대하여 심각한 문제의식을 표출했으며, 자신들이 세운 미션스쿨을 졸업하는 학생들에게 육체노동의 신성함을 실천해야 된다고 교육하므로 생활신앙의 실천이 중요하다고 교훈하였다.[153]

2. 드류 박사는 한국 정부의 개혁정책에 대해서도 주목하면서, 특히 선교사역과 연관된 법 제정에 관한 정보를 수집하였다. 한국 정부는 중국인들을 보호하기 위한 법령을 반포하였다. 이 법에 따르면, 중국인들은 서울과 제물포를 오가는 길을 제외하고는 정해진 도시들에서 자유로이 거주할 수 있었다. 그들이 거주할 수 있는 도시들은 서울, 제물포, 원산, 부산 등이었다. 중국인들은 입국과 동시에 등록하도록 조치하였다. 이런 변화는 한반도에서 주도권을 장악한 일제의 영향 때문이었다.[154]

3. 드류 선교사는 개혁의 와중에서 한국 정부가 주일성수에 해당하는 조치를 취하여, 일요일에는 모든 관공서가 휴무하게 된 변화에 대해서도 주목하였다. 서양식 달력에 기초하게 되면서 사람들의 일상생활에도 큰 변화가 왔던 것이다. 사람들이 새로운 생활 패턴과 제도에 적응하는 데

---

153) Drew, 'Korea', February 21 1895 in *The Missionary*, May 1895.
154) *Ibid.*

는 적지 않은 시간이 필요하였다.[155]

4. 드류 박사는 전킨 선교사와 함께 예비적인 팀사역을 시작하였다. 전킨 목사 선교사는 전도용 책자 등을 통해서 복음을 전했고, 드류 선교사는 병자들을 돌보면서 각 환자의 진료 전후로 복음을 전하는 방법을 적용하였다.[156] 그들의 전도 방식의 결과로 5명이 신앙을 고백하였다. 5명중 3명이 드류 선교사의 의료사역을 통해서 얻은 성과였다. 드류 박사와 관련된 5명 중 2명이 세례를 받고 성만찬에 참여하였으며, 나머지 3명은 학습 기간을 갖도록 조치하였다. 드류 선교사의 사역 초기부터 의료를 통한 복음사역이 얼마나 효과적인 방법인가를 제대로 확인하는 순간이었다.[157]

드류 선교사는 미 남장로교의 한국 선교를 위해서 2명의 남자 의사 선교사들과 1명의 여자 의사 선교사가 필요하다고 주장하며 기도요청을 하였다.[158] 그런 바람대로 향후 드류 선교사는 친동생보다도 더 유대가 깊은 오웬 선교사의 부임과 매티 잉골드 여자 의사의 도래를 목격하게 된다. 미 남장로교 의료 선교 분야의 선구자인 드류 박사의 꿈이 이루어지는 순간이었다.

---

155) *Ibid*.
156) Drew, 'Korea', April 23 1895 in *The Missionary*, May 1895.
157) *Ibid*.
158) *The Missionary*, February and April 1895.

■ 처음부터 선교선(Mission Vessel or Boat)을 이용하다

신안의 섬들을 끼고 있는 목포 선교 스테이션에서 사역한 유애나 선교사와 변요한 선교사도 드류 박사가 전라도와 충청도를 중심으로 의료 선교사역을 시작하는 처음부터 선박을 활용했다고 기록했다. 이러한 사실은 브라운(부명광) 선교사에 의해서 재확인되었다.[159]

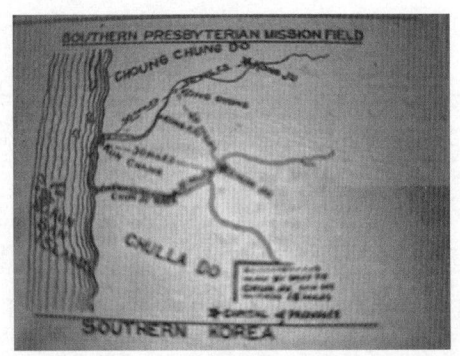

1895년 3월에 드류 선교사와 전킨 선교사가 군산 중심의 답사 및 최초 사역을 할 때, 드류 박사가 그린 지도

1894년 전라도 답사 당시에 드류 선교사는 선박을 이용한 답사 및 사역의 방법이 최고의 효율성을 지닌다고 확신하였다. 그는 육로를 이용하더라도 가능한 강이나 바다를 통한 수로를 이용하여 이 두 이동방법을 혼용하는 것이 좋다고 확신하였다.[160] 드류 선교사와 전킨 선교사의 1895년 3

---

159) Brown, Th.D. Dissertation and Nisbet's Book.
160) Drew, 'Korea' in *The Missionary*, January 1896.

월 군산 중심의 사역은 서울을 출발할 때부터 배를 이용하였다.[161] 이 두 명의 개척자들은 4명의 선원이 운행하는 삼판선을 하루당 60센트를 주고 임대하였다. 이 배에는 4명의 선원과 함께 한국인 조력자 1명, 요리사 2명, 그리고 전도용 책자, 의료사역에 필요한 약품과 도구들, 기타 선상 생활에서 필요한 물품들로 가득하였다. 이 선박은 실로 '선교선'이자 '의료 선교선'이었다. 필자는 이 선박을 '전라도 최초의 의료선'이자 '전라도 최초의 선교선'으로 지칭한다. 한강 나루에서 떠난 배는 제물포에 이르러서 생필품 등 추가로 물건을 선적해서 배는 사람과 각종 물품들로 가득 찼다.[162]

1895년 3월 답사 및 사역 당시 배 위의 모습

그들이 임대한 배가 크지 않아서 해안선을 따라 항해하고, 또한 악천후가 겹쳐서 제물포에서 군산까지 10일이나 소요되었다. 원래는 적어도 4일 정도면 도착하는데 말이다. 그들은 비를 동반한 강한 바람을 피해서 섬들이나 안전한 포구들을 찾아서 정박을 하면서 남쪽으로 이동하였다.

161) Brown, Th. D. Dissertation, 138.
162) Junkin, 'Korea, Prospecting at Kunsan' in *The Missionary*, December 1895.

■ 의료 선교의 관점에서 본 군산 중심의 사역: 전라도 최초 이동식 진료소인 의료선의 활용

드류 선교사는 미국식으로 친근감을 표현하기 위해 전킨 선교사에게 '아우', '동생'이라는 영어식 표현을 자주 쓰면서 친근감을 표하였다. 드류 박사가 전킨 선교사보다 6년 위의 선배이자 형님이었으니 자연스러운 호칭이기도 했다. 서울 사역에서부터 빛을 발한 의료사역자와 복음전도자와의 조화와 이상적인 협력은 이동식 진료소인 의료선을 통하여 진가를 발휘하였다. 드류 박사와 전킨은 금강 하구부터 시작하여 사람들의 이동이 많은 지역들에 주목하였다. 금강 하구의 남쪽에 위치한 군산항은 당시까지만 해도 불규칙한 장거리 노선도 있었고, 금강을 오르내리는 배들과 양 지방을 연결하는 선박 등으로 분주하였다. 그들은 군산항에 삼판선을 정박해 놓고 여러 주 동안 다양한 사역을 펼쳤다.

1895년 3월에 드류(유대모) 선교사와 전킨 선교사가 군산항에 도착한 것을 기념하는 표지석을 세웠다.

1. 드류 박사와 전킨 선교사는 군산항 근처에 의료시설을 세우면 좋겠다고 생각했다. 장차 군산에 설립될 정식 병원에 대한 계획까지 세웠던 것이다.

2. 그들은 체계적으로 사역을 펼치기 위해 출퇴근 시간을 정해 놓기까지 하였다. 그들의 사역 시작은 오전 9시, 하루의 마무리는 오후 10시 30분이었는데, 복음사역과 의료사역이 병행하여 펼쳐졌다. 이렇게 무리할 정도로 과도한 사역을 한 다음에 연이어서 드류 박사는 추가적인 의료사역을 이어 갔다. 이것이 전형적인 하루 일정이었다.[163]

3. 몇 번의 경험을 통하여, 지방 관청의 관리들하고의 관계가 중요하다고 판단한 드류 박사와 전킨 선교사는 관아의 수령과 만남을 가졌고 환대를 받았다. 새롭게 맺어진 관리들과 군산 사람들과의 친분으로 선교에 적합한 부지와 한국식 가옥을 구입하는 발판을 마련하였다. 드류 박사가 아우, 동생으로 부르며 아낀 전킨 선교사는 선교 스테이션에 적합한 부동산을 매입하는 사역에 선구자적인 역할을 하였다. 미 남장로교 한국선교부는 전킨 선교사에게 군산, 전주, 목포의 부지 매입에 대한 전권을 위임하였다.[164] 드류 박사가 지리학적 전문 지식을 가지고 거시적인 안목으로 예상 선교 스테이션 지역을 거의 정확하게 파악하고 추천하였다면, 전킨 선교사는 미시적인 시각에서 해당 선교 스테이션을 위한 구체적인 입지를 낙점하고 매입하였다. 한 사람은 전체적인 숲을 보았고, 다른 한 사람

---

163) *Ibid.*
164) *The Missionary*, April 1896.

은 그 숲속에서 가장 적합한 나무를 보았던 것이다. 이들의 조화로 미 남장로교의 전라도 선교는 좋은 땅에 좋은 사람들과 더불어 훌륭한 결실을 맺어 갔던 것이다.

4. 이동식 간이진료소인 의료선 활용과 육지에서의 임시 간이 진료소 및 약방의 운영은 복음 전도의 효율성을 극대화했다. 드류 박사는 하루 평균 50건 이상의 진료를 하는 등 밀려드는 환자들로 인하여 제대로 쉴 틈도 없었다. 드류 박사로부터 진료를 받은 군산과 인근 사람들은 해산물이나 달걀 등으로 사례를 하였다.

5. 삼판선을 타고 금강을 거슬러 강경으로 올라가는 중에 전킨 선교사는 선상에서 보이는 마을들만 해도 170개 이상이나 된다고 계수하였고, 강경의 언덕에서 넓은 평지를 바라보며 40개 이상의 마을들이 더 있다는 사실을 확인하였다.[165] 그들은 한강에서부터 이용한 삼판선으로는 물길이 거센 지역을 통과하기가 용이치 않다는 사실도 경험하였고, 더 적합한 선박을 구하게 되는 계기가 되었다.[166]

165) *The Missionary*, January 1896.
166) *The Missionary*, April 1896.

금강을 포함하여 군산 주변의 물길을 따라 운행되던 선박.

드류 선교사가 이동식 의료선 겸 복음선으로 활용했던 선박.

강경나루에 세워진 황포돛배의 모형이다. 드류(유대모) 선교사가 의료선 및 복음선을 타고 금강을 오르내리며 의료사역과 복음사역을 병행하였다. 금강변에 자리 잡은 강경나루와 강경 5일장은 구령의 대상인 전라도와 충청도 민초들이 많이 오고 가던 곳이어서 선교적으로 중요한 곳이었다.

드류 박사는 처음부터 선박을 이용한 사역을 했고, 다양한 용도로 의료선 및 복음선을 활용했다.

드류(유대모) 선교사와 전킨(전위렴) 선교사가 강경나루 근방에 있는 옥녀봉에 올라가서 드넓게 펼쳐진 논산평야를 바라보았다.

■ 전라도 최초로 섬 선교의 효시와 모델이 되다

드류 박사는 후배요 동생인 레이놀즈 선교사와 함께 1894년 답사 여행을 할 때도 전라도의 섬들, 즉 다도해에 대하여 주목하였다.[167] 1895년 3월에 진행된 전라도 최초의 의료선 활용을 통하여 섬 선교에 대한 이해를 구체화하면서, 동시에 기회가 닿는 대로 섬들을 방문하여 의료사역과 복음 전도를 병행하였다. 1894년과 1895년에 걸쳐서 드류 박사는 직접 섬들을 방문할 기회를 가졌고, 섬 선교의 무한한 가능성을 발견하였다.

드류 박사 일행은 의료선 겸 복음선을 이용하여 전주강으로 연결된 만경강 하구에 이르러서 고군산도를 마주하였다. 전라도의 다도해를 바라보면서, 드류 박사의 관심은 크게 두 가지였다.

첫째, 크고 작은 섬들마다 전라도 사람들이 살고 있어서 의료와 복음을 통한 선교에 최적이라는 것이다. 선교적 측면에서, 전라도 최초의 서양 의사인 드류의 관심은 한 사람, 한 사람의 영혼에 대한 구령에 있었다.

둘째, 바다와 산과 해송으로 이루어진 섬들은 섬 사람들에게 건강한 환경을 제공하였고, 이런 분위기는 사역에 지친 선교사들에게 쉼과 안식을 줄 수 있다는 것이다. 드류 박사는 어느 지역을 가든 사역자들의 건강성을 우선 고려하였다. 사실 선교사역자들과 그 가족들이 건강해야 주어

---

167) *The Missionary*, October 1894.

진 역할을 제대로 감당할 수 있었다는 측면에서 충분히 이해되고도 남는다. 드류 박사에게 전라도의 다도해는 선교지이면서 동시에 치유와 회복을 위한 휴양소나 수양관 같은 곳이었다. 드류 박사와 동행한 레이놀즈 선교사나 전킨 선교사 모두 군산을 보면서 '아름답다'는 말을 반복하며 감동을 숨기지 않았다. 더군다나 고군산도를 마주하며 그들 모두는 최고의 표현으로 '아름답다'는 말을 하면서 감탄해 마지않았다.[168]

전라도에서 섬 선교의 아버지요 모델이 된 드류 박사는 목포 주변의 신안의 섬들과 함께 좌수영 주변, 즉 순천과 여수 주변에 펼쳐진 다도해에 대해서도 기회가 닿는 대로 동일한 견해를 피력하였다. 드류 박사의 의료선을 활용한 섬 선교에 대하여 큰 감명을 받은 사람은 목포에서 사역한 오웬 선교사였다. 앞에서 이미 언급한 대로, 드류 박사와 오웬 목사·의사 선교사는 친형제 이상의 깊은 유대를 형성하고 있었다. 오웬(오기원) 선교사는 목포와 신안섬들에 대한 드류 박사의 글들을 보면서 깊은 감명과 도전을 받았다. 실제로 오웬 선교사는 조지아나 휘팅 의사 선교사와 약혼식을 하는 와중에서 드류 박사의 의료선을 타고 고군산도의 한 섬에서 휴양을 가졌다.[169] 이런 섬 선교의 흐름을 이어 가며 신안 섬들에 대한 선교의 꽃을 피운 사역자는 맥컬리(맹현리) 선교사였다. 그는 간호사인 에밀리 코델 맥컬리 선교사와 협력하며 신안 지역 섬 선교의 금자탑을 쌓았다. 맥컬리 부부 선교사의 협업은 마치 드류 박사와 전킨 선교사의 조화

---

168) *The Missionary*, October 1894; January 1896; April 1896.
169) 최은수, 목포, 2025 참조.

로운 사역을 보는 것과 같았다.[170]

■ 전라도 최초의 선교 스테이션 간이 진료소 및 약방

1895년에 드루 박사와 전킨 선교사가 펼친 복음·의료사역으로 좋은 소문이 발 없는 말과 같이 퍼져 나갔다. 국내외 정세가 어느 정도 안정되었다고 판단한 두 개척자는 가족과 함께 군산으로 이사하였다. 그들은 1896년 4월 5일에 전킨이 구입해 놓은 한국식 초가집에 도착하였다.[171] 가족들과 함께 전라도의 선교지로 오는 과정도 위기의 연속이었다. 그들은 서울에서 제물포까지 일본식 작은 배를 타고 와서 한국 선박을 타고 군산으로 가려고 했으나, 마침 이 배가 수리 중이어서 기다릴 수밖에 없었다. 모든 이삿짐을 싸 가지고 떠난 길이어서 다시 서울로 되돌아가지도 못하고, 적당한 배가 없어서 전라도 군산으로 갈 수도 없는 진퇴양난의 상황이었다. 이틀 후에 천만다행으로 쌀을 실어 나르는 일본배를 구할 수 있었고 모든 물품들을 싣고서 출발하였다. 하지만 세 명으로 구성된 한국인 선원들의 경험 부족과 기상악화로 위태로운 항해였다. 이런 불편하고 위험한 상황 가운데서 가족들은 쪽잠을 자며 버텨야 했다. 전킨 선교사는 이때의 분위기를 '닭장 속에서 보낸 4일'이라고 토로하였다.[172]

---

170) *The Missionary*, April 1902; Owen to Aunt, July 19, 1900, Mokpo, Korea; Brown, Th.D. Dissertation, 211.
171) *The Missionary*, April and, July 1896.
172) *The Missionary*, October 1896.

군산 선교 스테이션의 간이 진료소 및 약방.

드류 박사의 초가집이자 간이 진료소 및 약방.

우여곡절 끝에 전킨이 구입해 놓은 초가집에 도착해서는 산 넘어 산이었다. 집 안에 물이 차서 도무지 사람이 살 만한 환경이 아니었다. 이런 상황 속에서 군산의 개척자들은 중앙정부의 고위직에 있던 윤치호의 도움으로 지방 정부 소유의 건물을 임시로 사용할 수 있었다. 남감리교 신자이기도 한 윤

드류 박사의 초가집이자 간이 진료소 및 약방.

치호는 언더우드 선교사와 더불어 한국 선교의 필요성을 강변하였고, 결국 미 남장로교 해외 선교 실행위원회가 선교사를 파송하도록 직간접적인 영향을 끼쳤다. 그 결과 드류 박사와 전킨 선교사가 전라도 땅에 거처를 마련하고 본격적인 선교사역을 시작하게 되었던 것이다. 윤치호와 언더우드 선교사는 전라도 선교의 은인이다.

한동안 드류 선교사는 한국식 초가집을 수리하는 일로 바쁘게 시간을 보냈다. 드류 박사는 물에 젖은 방바닥을 수리하고 기름 먹인 종이를 바

르고 담장 등을 수리하느라 분주하였다. 어느 정도 사람이 살 만한 환경이 되고 나서 즉시로 간이 진료소 및 약방을 열어서 진료를 시작하였다. 드류 박사는 진료소 운영을 효율적으로 하기 위해 두 개의 깃발을 사용하였다. 일단 언어적인 소통의 한계도 있었고, 진료소를 찾아오는 전라도와 인근의 사람들을 위한 배려였다. 1. 적십자 깃발이다. 이는 주중에 정해진 진료시간을 알려 주는 신호였다. 2. 미국 국기이다. 이 깃발이 나부끼면 주일이라 휴진한다는 의미였다. 인문학적 소양이 탁월했던 드류 선교사는 미국 국기 대신 한국 국기를 사용하려고 백방으로 수소문했으나 구할 수 없어서 아쉬워했다.[173]

미 남장로교의 노회 파송으로 리니 데이비스 선교사와 함께 최초로 한국 땅을 밟았던 카메론 존슨은 당시 군산 선교 스테이션의 간이 진료소 및 약방의 환경이 얼마나 열악했는지를 생생하게 알려 주었다. 그는 군산의 진료소가 햇빛이 전혀 들지 않아서 어두침침한 분위기였고, 이런 환경에서 드류 박사의 수술이 진행되었다고 혀를 내둘렀다. 게다가 의료 시술에 필요한 물품들도 턱없이 부족하여 제대로 된 진료를 못 하는 경우도 많았다는 것이다.[174] 그런 열악한 조건 속에서도 드류 박사는 하루에 50명 이상의 환자들을 돌보았으니, 여러 가지 사정으로 진료소가 열었다 닫았다를 반복했음에도 불구하고, 당시 집계를 볼 것 같으면, 약 2년 정도의 기간에 4,000명 이상을 진료했다는 것이다. 지금으로서는 거의 상

---

173) *Ibid*.
174) *The Missionary*, April 1900.

상을 할 수 없는 일이었다.[175]

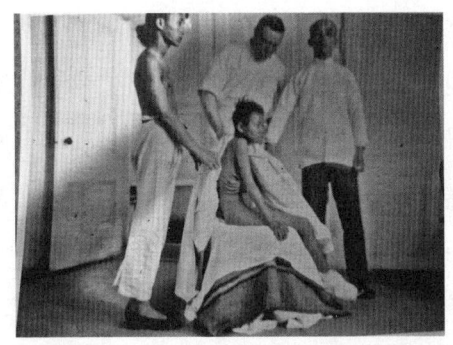

열악한 간이 진료소의 환경에서도 드류 선교사는 최선을 다해서 의료사역을 감당했다.

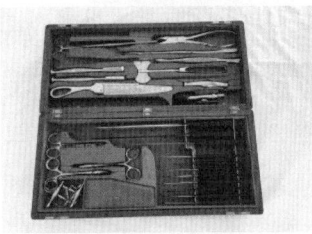

드류 선교사가 사용하던 의료도구들 1

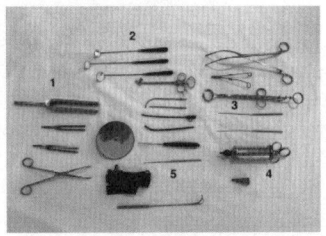

드류 선교사가 사용하던 의료도구들 2

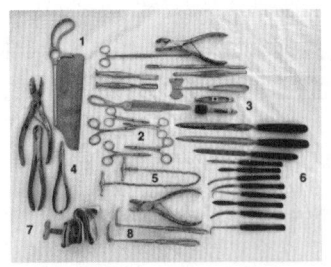

드류 선교사가 사용하던 의료도구들 3

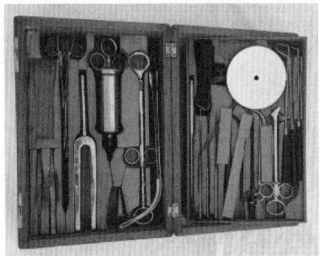

드류 선교사가 사용하던 의료도구들 4

---

175) Brown, Th.D., Dissertation, 155-156.

처음부터 선교선을 이용한 사역을 확신하여 적용하였던 드류 박사는 시간이 날 때마다 의료선을 이용하여 금강, 만경강, 동진강, 그리고 해안선과 고군산도 등 주변의 섬들을 다니면서 의료 선교와 함께 기독교 서적들을 배포하며 복음 전도 활동을 벌였다. 처음부터 시종일관 군산의 선교적 중요성과 접근성을 강조한 드류 박사의 선견지명은 시간이 갈수록 그 진가를 발휘하였다. 육로로 전주 선교 스테이션까지 물자를 수송하려면 시일도 오래 걸리고 비용도 많이 들었다. 하지만 선박으로 바닷길과 강을 따라 이동하면 시간과 경비 면에서 효율적이었다. 루이스 테이트 선교사와 매티 테이트 선교사는 이런 효율성을 피부 깊숙이 체감하였다.

드류(유대모) 의사 선교사가 의료선을 타고 자주 방문하여 의술을 펼치며 복음을 전했던 금감의 갓개포구와 갓개장터. 여기에 세워진 시비에서 갓개포구와 갓개장터에 대한 회상이 추억을 부른다.

입포에 있는 갓개포구의 현재 모습이다.

아울러 초기에 미 남장로교 한국선교부를 통틀어 의료 선교사라고는 드류 박사밖에 없었기 때문에, 의료사역자가 없는 전주의 상황은 더욱더 인력 보강이 시급하고 간절하였다.[176]

■ 목회하는 의사, 건축하는 의료 선교사

드류 박사가 걷는 족적마다, 그가 하는 일마다 전라도 최초라는 수식어가 따라붙는다. 전라도 최초의 서양식 간이 진료소 및 약방사역이 드류 박사의 주된 일이었다. 아울러 그는 선교사였다. 그는 자신이 펼치는 의술도 구령을 위한 수단임을 너무나도 잘 알고 있었다. 더군다나 그는 의사요 약사였으니, 이는 전라도와 군산권의 보물이자 축복의 통로였다. 드류 선교사는 1894년 답사 여행부터 한국을 떠나던 1901년 11월까지 선교사로서 목회적 책임을 다했다.

드류 박사의 부인인 루시 엑솔 로 드류 선교사는 남편과 전킨 선교사의 일상적인 사역을 자세히 소개하였다. 루시 드류 선교사는 남편과 전킨 선교사가 선박을 이용하여 순회사역을 나가면 보통 12일에서 13일 정도의 기간이 소요되었다고 밝혔다. 1900년도에 사용된 선박은 드류 선교사가 일본을 다녀오는 길에 구입한 선박이었으며, 자비로 비용을 지불하였다.[177] 드류 선교사와 전킨 선교사는 선교선 겸 의료선을 이용하여 만경강을 거슬러서 송지동까지 가서 10명의 여성도들과 6명의 아이들을 데리고

---

176) *The Missionary*, October 1896.
177) Mary Junkin to Family, April 20 1899, Kunsan, Korea.

돌아왔다. 여성들은 모두 세례를 받고자 했으며, 전킨 선교사의 교육을 거쳐서 9명이 최초로 세례 대상자가 되었다. 기존의 교인들에 더해서 송지동 교인들까지 주일예배에 참석하니 공간이 부족하였다. 그래서 남자 성도들은 전킨 선교사가 예배를 인도하고, 여자 성도들은 드류 선교사가 인도하여 협소한 공간 문제를 해결하였다. 이렇듯 드류 박사가 의사 선교사인데도 선교 스테이션의 상황에 따라서 목회적 책무도 감당하였던 것이다.

사실 드류 박사는 목회자의 첫째로 태어나서 영국 잉글랜드와 미국에서 순회사역을 하던 부친 토마스 드류 목사의 사역을 가장 가까이에서 보아 왔다. 아버지가 하던 일들이 그의 일상이기도 했던 것이다.[178] 드류(유대모) 선교사의 부인인 루스 드류 선교사의 활동에 대한 흔적이 충남 서천군 북산교회(후에 석천교회)에 남아 있는 듯하나, 그 연대가 1905년 7월 7일이라 맞지 않는다. 연대 계산에 착오가 있어서 그 이전의 일이라면, 북산교회(석천교회)에 나오는 서양여성 '뚜' 부인이 완전 다른 인물이거나, 루시 드류(유대모 부인) 선교사였을 것이다.[179]

전킨 선교사의 기와집이 건축 중인 전경.   드류 선교사 가족의 서울 기와집.

---

178) Mrs. Drew, 'Korea, Recent Events at Kunsan' in *The Missionary*, April 1900.
179) *기독신문*, 2021년 8월 30일.

1896년 4월 5일부터 군산 선교 스테이션에 정착하면서부터 드류 의사 선교사는 건축하는 사역에도 매진하였다. 처음에는 전킨 선교사가 구입한 초가집을 수리하는 일부터 시작하였다. 전킨 선교사가 먼저 초가집 대신 기와집을 건축하여 1899년에 입주하였다. 드류 선교사도 마찬가지로 건축하는 일로 더욱 분주한 나날을 보냈다.[180] 그들의 건축사역은 과도한 업무로 지친 몸과 마음에 결정적인 타격을 주었다. 이런 문제는 비단 군산권만의 문제가 아니었다. 전라도에 세워지는 선교 스테이션의 조성 과정에서 건강을 해친 사역자들이 많았으니 말이다.

■ 드류 의사 선교사의 가정사역

전라도 최초의 간이 진료소 및 약방의 역사를 만들어 간 드류 선교사에게 가족은 의료사역과 복음사역의 원천이요 근본이었다. 그는 루시 드류 선교사와의 사이에서 1남 3녀를 두었다. 첫째 딸인 루시는 1894년에, 둘째인 아들 클레멘트는 1895년에, 셋째인 헬렌은 1897년에, 넷째인 엘리자벳은 1901년에 태어났다. 드류 선교사는 1895년에 루시의 돌을 맞이하여 한국식으로 잔치를 벌이기도 했다. 샌프란시스코에서 태어난 엘리자벳을 제외하고는 세 명 모두 한국에서 태어났으므로 영어보다 한국어가 더 익숙하였고, 매년 가을에 열리는 한국선교부 연례회의에서 같은 해 태어난 선교사 자녀들과 함께 유아세례를 받았다.

---

180) Lotti to Florence, April 13 1899, Mokpo, Korea; *The Missionary*, April 1900.

한국인 보모들의 돌봄을 받고 있는 드류 선교사 부부의 자녀들. 루시, 클레멘트, 헬렌.

드류 박사의 맏딸인 루시가 어린 헬렌을 업고 있으며, 아들 클레멘트는 유명한 개구쟁이였다.

강아지를 한 마리씩 안고 있는 루시, 클레멘트, 헬렌. 영어보다 한국어를 유창하게 구사했다.

   드류 선교사를 비롯하여 남편 선교사들이 답사여행 등 여러 가지 사역으로 집을 비우는 때가 많아서 부인 선교사들이 자주 왕래하며 교제하였고, 아이들은 서로 친구가 되어 함께 놀기도 했다. 드류 선교사의 유일한 아들인 클레멘트가 유진 벨 선교사의 집을 방문하는 경우가 많았는데, 그는 유진 벨의 아들인 헨리를 물어뜯어서 로티 선교사에게 여러 번 야단을 맞기도 했다. 클레멘트가 얼마나 개구쟁이였는지 로티 벨 선교사가 그의 행동에 대하여 편지를 통하여 지인에게 하소연할 정도였다.[181]

클레멘트의 다소 과격하거나 장난이 지나친 모습은 드류 선교사를 많이 닮은 듯 보였다. 한번은 드류 박사가 유진 벨 가족과 함께 시간을 보낸 적이 있었는데, 그가 자전거를 타고 과속으로 경사진 곳을 내달리다가 넘어져서 무릎을 크게 다쳤다. 드류 선교사는 거동조차 할 수 없었고 엄청난 통증을 호소하였다. 애비슨 박사가 왕진을 와서 보살펴 주었다. 그의 무릎이 치명적인 상태는 아니었지만, 여러 날 동안 움직일 수가 없었다. 이런 드류 선교사의 모습을 보면서 클레민트의 물어뜯는 행동을 연결해서 생각하는 사람도 있었다.[182]

드류 선교사는 가족을 위해 직접 음식을 만들어서 주는 것도 좋아했다. 그와 전킨 선교사가 배를 타고 의료와 복음사역을 펼치러 다닐 때, 서로를 위해서 요리를 만들었다. 전킨 선교사가 드류 박사를 가리켜 훌륭한 요리사라고 할 정도였다.[183] 드류 선교사 가족은 음식 먹는 것을 즐겼으며, 자녀들도 먹성이 좋아서 무엇이든지 가리지 않고 먹었다. 드류 선교사는 감자를 곁들인 소고기를 좋아한 반면, 루시 드류 선교사는 닭고기를

---

181) Lotti to Mabel, October 29 1897, Seoul, Korea.
182) Eugene Bell to David, February 19 1897, Seoul, Korea.
183) *The Missionary*, December 1895.

즐겨 먹으면서도 채소는 사양하였다.[184]

드류 박사는 가족을 위해서 많은 수의 염소들을 목축하였다. 윌리엄 불(부위렴) 선교사가 군산 선교 스테이션에 부임했을 때, 염소 떼를 모는 드류 박사를 보고 신기하게 생각했다. 당시 드류 선교사는 염소를 키워서 고기로도 먹고 우유를 만들어서 가족에게 공여하였다. 드류 박사가 가족을 생각하는 마음이 각별하고 자상한 면도 있었으나, 전반적으로는 빅토리안 시대의 전형적인 가부장적 성향을 가지고 있었다.[185]

■ 의료 선교로 만자산교회(지경교회)의 기초를 놓다

유진 벨 선교사를 비롯하여 미 남장로교 파송 한국 선교사들은 의료 선교가 얼마나 큰 파급력이 있는가를 잘 알고 있었다. 이렇듯 군산권에서 유대모 박사의 서양 의술을 통하여 수많은 사람들이 치유와 회복을 경험하면서, 복음이 힘차게 확산되는 데 있어 실로 큰 역할을 하였다. 군산권에 세워진 교회들은 복음 선교와 의료 선교의 시너지 효과를 통하여 맺어진 결실들이라고 해도 과언이 아니다. 그만큼 유대모 의사 선교사의 의료사역은 결코 간과할 수 없는 것이었다. 드류(유대모) 의사 선교사가 펼친 의료사역의 직접적인 결과로 교회가 세워지기도 했다. 아니, 드류 선교사의 의료사역이 억압과 착취와 도륙으로 분노와 울분에 사로잡혀 있던 민초들의 심장을 관통하며 복음이 들어갈 공간을 만들었던 것이다.

---

184) Lotti to Mother, September 25 1897, Seoul, Korea.
185) W.F. Bull, 'Great Possibilities In County Boys of Korea', *The Presbyterian Survey*, March 1925.

그렇게 서양 의술로 말미암아 병마에서 해방된 사람들이 많아지면서 좋은 소문이 파다하게 퍼져 나갔다. 이런 분위기에서 복음을 전하니 얼마나 효과가 컸겠는가!

눈병으로 고생하던 어린 이순길이 머슴이 메는 지게에 실려서 드류(유대모) 의사 선교사에게 가는 장면을 묘사한 작품이다. 군산중앙성결교회의 조오영 장로의 수고로 창작되었다.

지경교회(만자산교회) 출신으로서 여성 독립운동가인 이순길 지사도 유아기 무렵에 드류(유대모) 의사 선교사의 시술을 통해서 나음을 얻었다. 정황상 그녀의 치유가 만자산교회 초기 교인들에게 큰 감명이 된 것은 확실해 보인다.[186] 만자산교회 역사를 볼 것 같으면, 1896년 4월 초에

---

186) 김대우, '만자산(지경) 교회의 교회사'. 만자산교회, 현 지경교회(담임 장철희 목사)의 원로인 김대우 장로가 기록한 교회 약사이다. 장철희 목사는 군산기독교역사관을 위한 기

드류(유대모) 선교사의 의료사역으로 시작된 만자산교회의 여성과 여자아이들.

조선달이라는 보부상이 최홍서의 사랑채에서 군산에 있는 서양의사와 선교사에 대한 이야기를 전해 주었다. 특히 유대모 의사 선교사에 대한 소문은 이양화와 그의 부인 삭녕 최씨(최현택)에게는 이루 말할 수 없이 반가운 것이었다. 그 부부의 딸인 이순길이 돌이 지나면서 눈이 아프기 시작하여 도무지 나을 기미가 보이지 않았기 때문이다. 만자산 부락에서 관심을 보인 최홍서, 최관보, 정치선, 강채오, 정백현, 이양화, 이양화의 아내인 삭녕 최씨 부인과 4살배기 이순길 등은 호기심과 기대감으로 군산 선교부를 찾았다. 삭녕 최씨 부인(최현택)의 아기가 완연하게 회복을

념사업회 이사장으로, 김대우 원로장로는 성지순례 해설사로 섬기고 있다. 김대우 원로장로는 드류(유대모) 박사의 의료 선교가 만자산교회의 기초가 되었다고 말한다. 김성원, '지경교회사-인물을 중심으로', 10-11. 2025년 현재 지경교회의 선임인 김성원 장로는 드류(유대모) 의사 선교사가 치료한 네 살배기 이순길과 관련된 초기의 이야기들을 비교적 소상하게 기록하였다. 더군다나 이양화의 부인이 단순히 삭녕 최씨로만 알려졌었는데, 그녀의 이름이 최현택임을 정확히 밝히고 있다. 김성원 선임장로도 군산 성지순례 해설사로 활약하면서, 군산권 기독교 역사의 산증인 역할을 하고 있다.

보이자 동행한 7인의 사람들이 큰 감명과 도전을 받았다.[187] 이렇게 감동을 받은 초기 교인들을 중심으로 만자산교회는 기도처로 시작하여 1900년 10월 9일에 창립예배를 드리게 되었다.

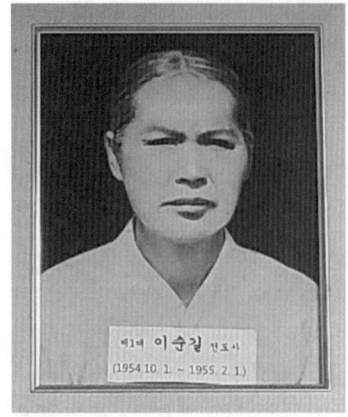

독립운동에 헌신한 이순길 전도사는 4살 때 드류(유대모) 선교사의 시술로 눈이 낫게 되었다. 이에 감명한 사람들이 만자산교회의 기초가 되었다.

대한 독립을 위해 헌신한 이순길 지사가 사후에 받은 대통령 표창.

■ 의료 선교의 열매, 화산교회(기산교회)의 설립

충청남도 서천군 기산면 화산리에 설립된 화산교회(현재 기산교회) 역시 또 다른 전형적인 예이다. 1899년에 박난수 씨가 이곳에 살고 있었는데, 그는 큰아들을 희귀병으로 잃었고 차남마저도 죽을 위기에 있었다.

---

187) Ibid.

그는 친구를 통해서 전라북도 군산에 선교사들이 세운 의료기관에 대한 말을 듣고 당시 13세이던 박중무 학생을 데리고 망원리 포구에서 목선을 이용하여 금강을 건너갔다.

처음부터 배를 이용한 복음·의료사역을 펼치던 드류(유대모) 의사 선교사는 금강을 복음의 통로로 생각하였다. 그는 선교선이자 의료선을 타고 금강을 따라 공주까지 올라가서 사역을 펼쳤다.

박난수 씨가 둘째 아들 박중무를 업고 군산 선교 스테이션의 진료소를 가기 위해 목선을 탔던 망월리 포구.

궁멀에 세워진 군산 선교 스테이션의 진료소에서 박중무 학생은 드류(유대모) 의사 선교사의 전문적이고 세밀한 치료와 보살핌을 통하여 완연한 차도를 보였다. 수개월에 걸친 입원을 통하여 건강을 회복한 박중무 학생은 1900년 4월경에 퇴원하여 그리운 가족의 품으로 돌아올 수 있었다. 드류 선교사가 전라도 사역의 시작부터 의료 선교와 복음선교를 병행하여 진행하였기 때문에, 박난수 씨 부자는 드류 선교사가 전하는 복음을 받아들이고 기독교인이 되었다. 1901년 초부터 윌리엄 불, 즉 부위렴 선교사가 그들이 거주하던 화산리 수출부락으로 찾아와서 복음을 전함으로 화산교회가 1902년 3월 1일에 김창건의 집에서 시작되었다. 화산교회는 내부적인 사정으로 1975년에 기산교회로 분립되어 13년 동안 두 교회가 별도로 존립하였다. 1988년 12월 4일에 합동하여 화산교회라는 명칭은 사라지고 기산교회라는 이름으로 유구한 역사를 간직한 채 오늘에 이르고 있다.[188]

드류(유대모) 선교사가 치료하여 건강을 되찾은 14세의 박중무는 1925년 12월 12일에 화산교회(기산교회)의 초대 장로로 장립되었다. 부친 박난수 초대 교인부터 5대에 걸쳐서 믿음의 가문을 이루고 있다.

---

[188] 이효섭 편, *기산교회 100년사* (서천 기산 2002); *기독신문*, 2021년 8월 23일. 2001년에 현재의 기산교회(화산교회)에 부임한 이효섭 담임목사는 2002년에 교회설립 100주년을 맞이하여 기산교회 100년사를 간행하였다. 이효섭 목사에 따르면, 당시 200부에서 300부 어간의 분량으로 간행된 *기산교회 100년사*가 교인들과 본교회 출신들의 요구로 분배되어 소진되었다는 것이다. 그는 처음부터 기산면 화산리 수출부락을 방문한 선교사가 부위렴(윌리엄 불)이라고 생각하였으나, 주변에 문의를 하는 과정에서 전킨(전위렴) 선교사로 100년사에 기록하게 되었다. 1901년 당시 전킨 선교사는 와병 차 안식년으로 미국에 있었기 때문에, 이효섭 목사가 처음에 생각했던 부위렴(윌리엄 불) 선교사가 방문한 것이 정확한 것이었다.

충남 서천군 기산면 화산리 수출부락에 세워진 화산교회 터. 이효섭 기산교회(화산교회) 담임목사의 안내로 방문한 옛 교회 터에 교회 설립 초기에 지어진 사택이 최근까지 있었으나, 현재의 소유주가 허름한 사택건물을 허물고 다른 용도로 사용함으로 소실되었다. 이효섭 목사는 이 터를 구입하여 지방 정부의 후원으로 기념관을 세우고자 했다.

화산교회가 기산교회로 분리되어 별도로 예배를 드릴 당시의 신축 예배당의 모습. 현재는 주인이 바뀌어 창고로 사용되고 있다.

제4장 | 전라도에 최적화된 사람이 오다: 인문학적 낭만 닥터, 유대모　　　157

현재의 기산교회(화산교회) 모습이다.

■ 치유의 상징인 거석리교회의 설립 배경

드류(유대모) 의사 선교사의 치료사역은 군산권을 넘어서 전국적인 명성을 얻어 가고 있었다. '무진장'으로 유명한 무주, 진안, 장수는 전주 선교 스테이션에 배속되어 활동하던 매커천(마로덕) 선교사의 영향으로 대부분의 교회들이 설립되었다. 하지만, 전라북도 진안군 부귀면 거석리에 위치한 거석리교회(현 부귀중앙교회)만은 예외였다. 드류 선교사의 의료사역이 직접적인 계기가 되어 교회가 세워졌던 세 번째 예가 거석리교회다. 이는 단지 기록이 남아 있는 것만을 다룬 것이지, 드류 선교사의 의료사역과 복음사역은 민초들의 중심을 뚫고 저변으로 엄청난 파장을 일으키고 있었다. 의료사역의 결정적인 영향은 아무리 강조해도 지나치지 않는다.

당시 18세에서 19세 정도의 나이였던 이원일은 병환으로 고생하는 어머니를 낫게 하고자 노심초사하고 있었다. 그러던 중에 금강변에 세워진 군산 선교 스테이션의 서양식 진료소에 대한 소문을 듣게 되었다. 효심이 지극했던 이원일은 친구인 이원칠의 도움을 받아서 아픈 어머니를 모시고 구암(궁멀) 동산으로 길을 잡았다.[189]

이원일이 모친을 모시고 드류(유대모) 의사 선교사가 있는 군산 선교 스테이션으로 가는 모습을 묘사한 작품이다. 군산 성지순례길 해설사로 활동하는 조오영(군산중앙성결교회) 장로의 수고로 창작되었다.

거석리에서 구암(궁멀)까지는 약 80킬로미터, 즉 약 200리 전후하는 먼 거리였다. 그것도 진안고원의 험준한 산들을 넘어서 가야 하는 길이었다. 건장한 청년이라도 족히 3일 이상이 걸리는 먼 길이었다. 하물며 환

---

189) 디지털진안문화대전-부귀중앙교회. 전병호, '초기 선교사 남도행전(무주 진안 장수지역)'. *기독신문*, 2018년 11월 23일. 군산역사관을 위한 기념사업회 초대 이사장을 지낸 전병호 목사는 이원일의 모친이 간질병을 앓고 있었다고 말한다.

자를 대동하고 가는 길이었으니 평소보다 더 시간이 소요되었을 법하다. 우여곡절 끝에 찾은 군산 선교 스테이션의 진료소에서 이원일의 모친은 유 의사(드류)의 치료를 받게 되었고, 고질병에서 해방되는 기쁨을 맛보았다. 그들은 육체의 질병뿐만이 아니라 영혼의 문제까지 해결하며 기독교 신앙을 갖게 되었다.

드류 선교사의 의료사역으로 영육간의 치유를 경험한 이원일 등은 1900년 5월에 거석리교회를 창립하였다.

교회 설립자 이원일 집사

거석리 교회를 창립하는 데 주도적인 역할을 한 이원일 집사의 사진이다.

이원칠 장로 아내 문성녀 집사

이원일과 함께 거석리교회를 창립하는 데 앞장섰던 이원칠이 장로가 되었다. 현재 이원칠 장로의 사진은 없고, 대신 그의 아내인 문성녀 집사의 사진이 존재한다.

■ 송지동교회, 남차문교회(남전교회), 대창교회

1896년 4월부터 본격적으로 시작된 군산 선교 스테이션의 사역은 드류(유대모) 의사 선교사의 의료선 겸 선교선을 통한 방문으로 질병이 치료된 사람들이 중심이 되어서 신자들의 숫자가 늘어 갔다. 드류(유대모) 의사 선교사는 만경강(전주강)과 동진강을 오르내리며 의료사역과 복음사역을 병행하였는데, 이들 지역은 흡사 고대 근동의 메소포타미아, 즉 비옥한 초생달 지역을 보는 듯하였다. 예로부터 이 지역은 자급자족이 가능한 환경이었던 것이다.

남차문교회(남전교회) 또는 남참교회의 초기 예배당의 모습을 담은 그림이다. 만경강을 오르내리며 의료사역과 복음사역을 펼친 드류(유대모) 선교사와 전킨(전위렴) 선교사의 수고가 배어 있는 남차문교회다. 남차문교회는 먼저 세워진 송지동교회와 관련이 있다. 초기에는 남차문(남참) 지역 신자들이 만자산 지역 신자들과 함께 육로로 걸어가서 군산교회에서 주일예배를 드리기도 했다. 그들은 보통 주일 전에 도착하여 하루를 자고 주일예배를 드린 후 귀가하였다.[190]

---

190) 남전교회 100년사 참조. 한국민족문화대백과-남전교회. 강순구, '세계 구한말사, 선교사 활동사'. 남전교회의 강순구 원로장로는 남전교회 100년사 발간 이후에 남전교회 교회사를 수정하고 보강하는 작업을 하고 있다. 먼저 세워진 송지동교회와 연관이 있는 남차문 또는 남참교회(남전교회)의 초기 7인 신자들 중에 드류(유대모) 의사 선교사로부터 진료를 받고 병 나음을 경험했던 사람들이 있었을 것이라는 사실에 대하여 충분히 가능성이 있다고 강순구 장로는 추론한다. 강순구 원로장로는 교회역사를 기록함에 있어서, 임시로 교회 목회를 하던 선교사들과 한국인 담임목사들을 정확히 구분하여, 최대진 담임목사로부터 제1대로 계수한 것은 정확한 역사기술이며, 가장 모범적이고 대단한 업적이라고 할 수 있다. 왜냐하면 미 남장로교 해외 선교 실행위원회의 규정상 선교사는 임시로 교회목회를 할 수는 있으나, 담임목사가 될 수는 없다고 명시하였기 때문이다. 만일 한국인 목사가 없는 상태에서 당회의 임시 사회자라는 의미의 임시 당회장의 개념이라면, 선교사를 임시 사회자 또는 임시 당회장으로 부를 수는 있다. 하지만 현재처럼 담임목사라는 개념의 당회장이라는 호칭을 사용한다면, 이는 규정에서 벗어난 것이며 잘못된 용어

드류(유대모) 선교사와 전킨(전위렴) 선교사가 선박을 이용하여 만경강을 오르내리며 의료사역과 복음사역을 펼쳤다. 송지동은 만경강에서도 상당히 떨어진 오지에 위치하였다. 송지동 근방 사람들은 청하의 신창포구에서 배를 타고 군산까지 가서 물건을 거래하였다. 송지동교회도 드류(유대모) 선교사의 의료사역과 매우 밀접한 관계를 가지고 있었다.[191] 이 사진은 송지동교회의 ㄱ 자 예배당 터이며, 외형적으로 ㄱ 자 모양이다.

드류(유대모) 의사 선교사가 의료선 겸 복음선을 이용하여 동진강을 오르내리며 사역을 펼쳤다. 먼저 세워진 송지동교회와 연관된 대창교회가 정한 교회 설립일은 1903년 4월 10일이다. 하지만 동진강변 번드리에 기도처가 생기기 전부터 이미 초기 신자들이 있었다. 이들이 드류(유대모) 의사 선교사의 진료를 통해 치유를 경험했을 가능성은 얼마든지 있는 것이다.[192]

를 사용하는 과실을 범하게 된다. 이런 측면에서, 강순구 원로장로가 선교사들과 한국인 담임목사들을 정확하게 구분한 것은 여타의 교회들이 반드시 참고하여 개교회사 서술을 사필귀정하는 계기가 되도록 해야 한다고 본다.

191) *The Missionary*, October 1896 and April 1900; 송지동교회 온라인 연혁; 디지털김제문화대전-송지동교회; 대창교회 100년사, 35-36.

192) 대창교회 80년사, 14; 대창교회 100년사, 35-42. 교회 역사 관련 자료를 보내 준 대창교회 김영복 목사는 대창교회역사관을 돌아보도록 배려하였다. 아울러 교회가 설립되기 이전인 초기에 대창 인근의 신자들이 복음을 받아들이게 된 계기에 대하여 풀리지 않는 숙제

4-5

건강 악화로
원치 않는 안식년을 떠나다

'전라도 사람들은 따뜻한 심성을 지니고 있으며, 참으로 친절하고, 선교사들이 그들과 더불어 사는 것을 기뻐한다.'

-알레산드로 다말 드류-

■ 사명감과 후원에 힘입어 달려온 길

드류 선교사 부부가 결혼한 후 곧바로 한국 선교지로 와서 헌신하게 된 근저에는 부르심과 사명감이 자리하고 있다. 동시에 그들에게 실제적으로 필요한 물심양면의 지원이 있어야 꿈과 비전이 실현되는 것이다. 드류 선교사 부부를 위해서 지상명령이라는 대의에 뜻을 함께하며 동반자가 된 후원자들이 있었다. 드류 선교사와는 친형제보다도 깊은 유대감을 가지고 있던 오웬 목사-의사가 드류 선교사 개인만을 위한 물심양면의

를 안고 궁금해하고 있었다. 동진강을 선박으로 오르내리며 의료와 복음사역을 펼치던 드류(유대모) 의사 선교사에 대하여 필자가 언급하니, 김영복 목사는 그들이 유대모 의사 선교사의 병 치료를 통하여 신앙을 갖게 되었을 가능성에 대하여 새로운 정보를 얻게 되었다. 필자는 아직도 밝혀지지 않은 초기 신자들의 신앙을 갖게 된 계기와 유대모 선교사를 연결 짓는 것이 합리적이라고 설명했다.

후원자였다.[193] 리치몬드 유니언 신학교 관계자와 재한 선교사들 중 일부가 이러한 사실을 언급하기는 했어도 항상 모호하고 구체적이지 않았다. 한 가지 확실한 것은 이 두 사람의 친밀성을 감안해 볼 때, 그 어떤 후원 형태나 규모도 상상할 수 있을 정도로 그들은 각별했다. 그런 측면에서, 드류 박사는 아들이 태어나자 오웬 선교사의 이름을 아들의 이름으로 지었다. 드류 박사의 유일한 아들의 이름이 클레멘트 오웬 드류였으니 말이다.

미 남장로교회 해외 선교 실행 위원회는 부부라고 할지라도 공식적으로는 독립된 개인 선교사 신분이었기 때문에, 부인 선교사도 독립된 주된 후원자 내지는 파송교회와 후원자들이 있어야 한다고 규정하였다. 이런 측면에서, 노스캐롤라이나 애쉬빌의 나이트 목사가 루시 드류 선교사의 한국사역에 사용하도록 $500을 보내왔다. 테네시주의 존스톤 시티 교회도 루시 드류의 후원교회였다. 위스콘신주 라신의 모튼 박사도 $100을 보내왔다. 그래도 모자라는 루시 드류의 선교비는 여타의 친구들이 후원하였다.[194] 드류 선교사 부부와 같은 시기에 파송을 받은 부부 선교사들도 동일한 규정에 의거해서 부부 각자의 주된 후원자 내지는 파송교회가 있었고, 여기에 더해서 노회나 대회, 개인들이 각 개인에 맞게 협력하는 구조였다.

---

193) 'Committee Notes' in *The Missionary*, January 1894.
194) *Ibid*.

■ 한국과 전라도 선교의 동반자, 질병과 죽음

1892년부터 시작된 미 남장로교회의 한국과 전라도 선교는 출발부터 우여곡절의 연속이었다. 미 남장로교회 총회 파송 선교사 중에 최초로 한국 땅을 밟았던 리니 데이비스 선교사도 도착한지 얼마 안 되어 모친의 죽음을 멀리서 바라보며 슬퍼하였다. 총회 파송 7인에 속한 루이스 테이트와 매티 테이트 남매 선교사도 10년 이상 '피의 플럭스'라는 질병으로 고생하다가 별세한 모친을 가슴에 묻고 미지의 땅으로 왔다.[195]

미 남장로교 총회 파송으로 최초의 7인의 일원으로 한국으로 출발했던 전킨 선교사도 병을 얻어서 레이놀즈 선교사 부부와 함께 지체하였다. 미 남장로교 역사상 최초의 세례교인이자 미주 최초의 한인 세례교인이기도 하며, 주미공사 이채연의 부인인 배선 여사도 미주 최초의 시민권자인 아들 이화선을 이국땅에 묻었다. 본인도 건강이 악화되어 리니 데이비스 선교사의 목양적 동행으로 귀국길에 올랐다. 이와 같이 미 남장로교회의 한국 및 전라도 선교가 본격화하기도 전에 질병과 죽음의 그늘이 항상 동반되었다.

1896년 4월 5일부터 시작된 군산 선교 스테이션에서의 생활은 위생과 건강의 취약성을 그대로 드러내었다. 드류 선교사의 부인인 루시 드류 선교사가 거처를 전라도 군산으로 옮긴 지 얼마 되지 않아서 심각하게 아

---

195) 최은수, '리니 데이비스'와 '매티 테이트' 참조.

팠다.[196] 초기에 미 남장로교 한국선교부의 유일한 의사였던 드류 박사도 병자들을 치료하면서 동시에 자신도 질병으로 신음하였고, 시간이 지나면서 군산 선교 스테이션의 모든 사역자들이 병마와 싸워야 하는 상황이었다.[197] 1897년 후반기에는 드류 박사도 심신이 쇠약해져서 제대로 사역을 감당하기 곤란한 지경이었다. 드류 박사가 친근감을 표시하며 '동생', '아우'로 칭하던 동역자 전킨 선교사는 상태가 더 심각하여서 몇 개월 동안 병상에서 헤어 나오지 못하고 있었다.[198]

전킨 선교사가 병치레를 하는 기간이 길어질수록 드류 선교사의 부담은 더욱 커져 갔다.[199] 드류 선교사는 시도 때도 없이 몰려오는 환자들을 진료하고, 목회적 복음사역도 감당하면서, 이동식 의료선이자 복음선을 띄워서 외진 지역과 섬들을 돌아보느라 심신이 쇠약해져 갔다. 이와 더불어 선교 스테이션의 건축일까지 감당하느라 과부하가 걸린 지 이미 오래였다.

1901년 3월 12일에 모인 미 남장로교 해외 선교 실행 위원회에서 체스터(S. H. Chester) 총무가 한국선교부로부터 건강이 극도로 악화된 드류 선교사의 본국 소환 조치를 취해 달라는 요청을 받았다고 보고하였다. 그는 공식 서한을 보내서 드류 선교사에게 이러한 조치를 알렸고, 안식과

---

196) Lotti to Mother, October 25 1896, Seoul, Korea.
197) 'The Southern Mission in Korea' in *The Missionary*, February 1897.
198) 'Korea, Letter from Mrs. Bell' in *The Missionary*, May 1898.
199) *The Missionary*, Feburary 1899.

회복을 위해서 가능한 빨리 본국으로 돌아오라고 촉구하였다.[200] 드류 선교사는 이런 연락을 받고도 즉시로 군산권과 전라도 선교지를 떠날 수 없었다. 자신의 부재가 얼마나 큰 사역의 공백을 야기할지에 대하여 누구보다도 잘 알고 있었으니 말이다. 이미 그는 전라도 땅, 그리고 그 사람들과는 하나가 되어 있었던 것이다. 그는 전라도, 그리고 자신의 목숨을 위태롭게 혹사할 만큼 사랑했던 전라도 사람들과 동료 선교사들을 뒤로하고 떨어지지 않는 발걸음을 옮겨야 했다. 아우 전킨 선교사는 사랑하는 친형의 가족을 배웅하듯이 드류 선교사의 가족이 한밤중에 황해로 사라져 가는 모습을 비통한 심정으로 바라보아야 했다.[201]

---

200) *The Missionary*, April 1901.
201) Junkin, 'Home-Coming to the Morning Calm Country', January 1902, Kunsan in *The Missionary*, April 1902.

초기에 드류 선교사의 집에서 바라본 군산 전경.

쌀을 선적하는 광경.

한국인 조력자들.

서울 정동 예수교 학당의 학생들, 조력자들, 동료 선교사들.

드류 선교사의 고향인 체이스 시티에 드류 스트리트(Drew Street)가 있듯이, 군산에는 드류 언덕(Drew Hill)이 있었고, 거기서 조망한 군산.

군산 선교 스테이션이 있던 구암 동산 주변에서 모내기가 한창이다.

제5장

전라도 선교지로의 복귀를 꿈꾸며 미국에서 펼쳐진 선교사역

'오, 우리가 전라도 땅으로 내려가서 전라도 사람들과 더불어 살아야 하는 이유들은 셀 수 없이 많다.'

-알레산드로 다말 드류-

'그들의 선교사역은 단 한 번도 멈춘 적이 없었다.'

-드류 선교사의 손녀 베티 브룩스(Betty Brookes)-

5-1

죽을 고비를 넘기다

　드류 박사, 루시 드류 선교사, 루시, 클레멘트, 헬렌 등 5명의 가족 구성원들은 전라도 선교지보다 어색하고 불편한 미국 캘리포니아 샌프란시스코 여객터미널에 도착하였다. 이때가 1901년 11월 25일 월요일이었다. 여객터미널에 접안하기 전에 실시되는 검역절차가 밤새도록 진행되었으며, 승객과 화물을 태운 '도릭(Doric)'호는 11월 26일 화요일 아침에서야 터미널에 도착하였다. 드류 의사 선교사 부부가 샌프란시스코를 떠난 지 정확히 8년 만에 한국 선교지에서 얻은 세 명의 자녀들과 함께 본토에 발을 디뎠다. 이 부부의 자녀가 세 명이 아니라 당시에 루시 드류 선교사가 임신 중이었기 때문에 실제로는 네 명의 자녀와 함께 돌아온 것이었다.[202]

　건강 악화로 안식년을 떠났던 아우 전킨 선교사가 1901년 11월 4일에 한국 선교지로 복귀했고, 그가 직접 드류 박사 가족을 환송했으므로, 드류 선교사는 1901년 11월 4일 이후에 한국에서 출발하였다.[203] 일본 요코

---

202) *San Francisco Chronicle*, Wed., November 27 1901; *San Francisco Call and Post*, Wed., November 27 1901.
203) *The Missionary*, April 1902.

하마에서 도릭호에 승선한 가족들은 하와이 호놀룰루까지 강한 맞바람과 사나워진 바다를 힘겹게 통과하였다. 호놀룰루에서 샌프란시스코까지는 맞바람이 더욱 거세졌고 높은 파고와 거칠어진 바다의 상황으로 인하여 5일 19시간이나 소요되었다. 더군다나 '도릭'호는 외국 국적의 선박이라서 입항이 거부될 처지에 있었으며, 그 배에 승선한 연방 하원의원들의 노력 등 우여곡절 끝에 벌금 $200을 내는 조건으로 입항할 수 있었다. '도릭'호에는 2,673톤의 화물과 600개의 우편백이 선적되어 있었고, 함께 실린 보물은 $506,520의 가치였다. 여객들은 49명의 미국인, 10명의 유럽인, 86명의 중국인과 일본인이었다.[204]

드류 가족이 도착한 샌프란시스코 여객터미널.

---

204) *San Francisco Chronicle*, Wed., November 27 1901; *San Francisco Call and Post*, Wed., November 27 1901.

미 남장로교 파송 선교사들이 한국으로 가기 위해 체류하던 옥시덴탈 호텔(The Occidental Hotel)의 터이다.

    1901년 11월 26일 화요일에 입국한 드류 선교사의 가족들은 다른 선교사들처럼 옥시덴탈 호텔에 여장을 풀었다. 대개 선교사들은 잠시 동안 이 호텔에서 여독을 풀면서 각자의 고향으로 가는 교통편을 기다렸다. 일반적으로 선교사들은 이 호텔에 하루나 이틀, 길어야 며칠 더 숙박하는 것이 관례였다. 태평양의 거친 바닷길을 헤치고 중간기착지인 샌프란시스코에 도착한 드류 선교사 가족들은 두 가지 중차대한 이유로 옥시덴탈 호텔에 평균 이상의 기간 동안 머물 수밖에 없었다.

    1. 드류 선교사의 건강 상태가 점점 더 악화되고 있었기 때문이다. 한

국 선교지에서 얻은 결핵성 늑막염으로 드류 박사는 생명까지 위협받고 있었다. [205]

2. 부인 루시 드류 선교사가 만삭이었고, 그녀의 출산이 임박했기 때문이다. 루시 드류 선교사는 1901년 12월 6일에 옥시덴탈 호텔에서 막내인 엘리자벳을 출산하였다. [206]

이러한 이유들 때문에 드류 선교사 가족은 주거비가 저렴한 이스트 오클랜드에 월세 집을 마련하고 체류할 수밖에 없는 상황이었던 것이다. 이 당시 오클랜드와 샌프란시스코를 연결하는 다리가 없었기 때문에, 이 두 도시를 연결하는 교통수단은 페리가 유일했다. 루시 드류 선교사와 같이 1866년에 출생한 동갑내기 친구인 메리 레이번 전킨(전마리아) 선교사는 같은 선교사 부인이요 아이들의 엄마로서 루시 선교사가 얼마나 힘든 상황에 있었는지 누구보다도 잘 알고 있었다. 전마리아 선교사는 루시 드류 선교사가 '매우 어렵고 거의 절망적인 상황'에 있었다고 안타까워했다. [207] 루시와 메리 선교사 모두 군산 선교 스테이션에서 동고동락했으니 말이다.

---

205) *The Daily Times (Richmond, Virginia), Fri., January 17 1902*.
206) The Geneanet Family Trees for Elizabeth Drew; Mary Reyburn Junkin to Mother, February 12 1902, Kunsan, Korea.
207) Mary Leyburn to Mother.

■ **드류 선교사에 대한 로티 위더스푼 벨 선교사의 오해와 해결**

여기서 잠시 드류 선교사와 관련된 오해를 풀고 넘어가야 할 듯싶다. 첫 번째로 드류 선교사 가족과도 가까이 교류했던 목포 선교 스테이션의 로티 벨 선교사가 부친에게 편지하면서 드류 선교사와 가족의 관계에 대하여 언급했던 부분이다. 로티 벨 선교사는 1900년 11월 2일 자 목포에서 발신한 편지에서 드류 박사가 선교사로 헌신한 지 7년이나 되었는데도 미국 가족들이 서신 한 번 보내지 않았다고 하면서 별난 가족이라고 언급했다.[208] 이 부분만 놓고 보면, 드류 선교사의 가족들이 진짜 이상하거나, 아니면 가족관계에 무슨 심각한 문제가 있었을 것이라는 추측이 가능하다. 하지만 로티 벨 선교사의 편지는 부친에게 보낸 지극히 개인적인 서신이라는 점에 주목할 필요가 있다. 그녀의 부친이 드류 선교사의 고향인 버지니아 체이스 시티에 다녀왔다는 소식을 접하고 나서 그냥 개인적인 짐작을 아버지에게 말한 것뿐이다. 그녀의 짐작이 틀린 것은 다음과 같은 이유들 때문이다.

1. 그녀의 짐작과는 다르게 드류 선교사의 가족들 간에 필요한 서신 교환이 있었기 때문이다.

2. 드류 박사가 교단의 선교 저널인 『더 미셔너리』에 가족에게 보낸 서신 가운데 독자들에게 유익할 것이라고 판단한 것들을 추려서 보냈고 저

---

208) Lotti to Father, November 2 1900, Mokpo, Korea.

널에 게재되었기 때문이다. 드류 선교사는 전라도 군산권에서 본격적인 사역으로 업무량이 초과되어 과부하가 걸리기 전까지는 비교적 자주 서신을 보냈다. 드류 선교사는 1901년 11월에도 자신이 안식년차 미국에 간다고 하는 사실을 체이스 시티의 가족에게 서신으로 알렸다. 한 신문사는 가족에게 보낸 드류 선교사의 서신을 요약하여 기사화하였다. 여기서 드류 선교사가 체이스 시티 출신이며 고명하고 명성이 자자하던 토마스 드류 목사-박사의 아들이라고 자랑스럽게 소개하였다.[209]

돌이켜 보면, 로티 벨 선교사가 수많은 서신을 가족, 친척, 지인들에게 폭넓게 보낸 것은 그녀의 짧았던 생에서의 추억을 단기간에 풍성하게 쌓으려는 것이 아니었는지 생각되기도 한다. 그녀의 남편인 유진 벨 선교사가 1901년 4월 9일 자 모친에게 보낸 편지에서 부인 로티 벨 선교사가 뇌신경통으로 고생하고 있는데, 곧 회복될 것이라는 바람을 담아 보낸 편지가 사실상 마지막이 되었다.[210] 이 편지에서 볼 것 같으면, 로티 벨 선교사는 아이들이 할머니를 보러 가는 것에 대하여 계속 시끄럽게 떠들면서 말을 많이 하는 바람에 '고향에 대한 그리움'이 더 크게 느껴졌다고 했다. 로티 벨 선교사의 '고향'에 대한 그리움은 정확히 3일 뒤인 1901년 4월 12일에 그녀가 '본향'으로 가게 되면서 실현되지 못했다. 그녀가 수많은 서신들을 기록한 이유도 '고향에 대한 그리움' 때문이었던 것이다.

209) *Richmond Times Dispatch (Richmond, Virginia)*, Sat., November 30 1901.
210) Eugene Bell to Mother, April 9 1901, Mokpo, Korea.

■ 드류 박사에 대한 메리 레이번 전킨 선교사의 오해와 해결

　두 번째로, 루스 드류 선교사와 동년배 친구였던 메리 전킨 선교사가 1902년 9월 17일 자로 그녀의 모친에게 보낸 편지에서 드류 선교사가 한국 선교지로 복귀하지 말 것을 요청받았다고 썼다.[211] 가장 가까이에서 함께 사역을 감당한 메리 전킨 선교사의 시각에서도 드류 선교사의 과도한 업무량과, 의료선 또는 선교선을 타고 자주 왕진 및 종합사역을 펼치는 것이 무리가 있어 보였을 법하다. 그런 맥락에서 동역자들 간에 협력 사역에도 문제가 생겼을 수도 있었고 말이다. 드류 가족과의 개인적인 좋은 관계와는 별도로, 그녀는 너무 환자만 생각하는 드류 박사의 행동은 선교사역에 해가 될 수도 있다는 그녀의 개인적인 생각을 숨기지 않았다. 이것만 보면, 뭔가 굉장히 심각한 일이 있었다고 오해할 수도 있다. 하지만 다음과 같은 이유들을 통해서 이 한 문단으로 말미암아 야기된 드류 선교사에 대한 오해를 해결할 수 있다.

　1. 로티 위더스폰 벨 선교사의 것과 같이, 이 편지 또한 메리 전킨 선교사가 모친에게 보낸 극히 개인적인 서신이었다는 점을 유념해야 한다. 다시 말하자면, 선교부의 공식적인 의견이 아니라는 말이다.

　2. 메리 전킨 선교사도 자신이 이런 답답한 현실을 모친에게 털어놓으면서 매우 복잡한 심정을 곳곳에서 표출하고 있기 때문이다. 그녀는 이

---

211) Mary Junkin to Mother, September 17 1902, Station Hotel, Seoul, Korea.

와 같이 심각하게 문제를 지적하면서도 가장 근본적인 문제가 과도한 사역을 통하여 드류 박사의 건강이 심각하게 나빠졌다는 데 있다는 점을 제대로 파악하였다. 그렇게 건강이 안 좋은 상태에서 군산권 사람들을 진료하는 것도 무리고, 당연히 거기서 파생되어 나오는 문제들 때문에 여러 가지로 부담이 된다는 것이었다. 즉, 온전하게 건강이 회복되지 않는다면, 선교지로 복귀하지 않는 편이 서로를 위해서 더 낫다는 개인적인 생각이었다.

3. 메리 전킨 선교사가 모친에게 보낸 극히 사적인 생각이었다는 점을 상기하면서, 드류 선교사보다 먼저 심각한 건강의 문제로 오랫동안 병상에 있었던 전킨 선교사를 포함하여 군산 선교 스테이션의 모든 사역자들이 동일한 문제 때문에 고통을 경험하고 있었기 때문이다. 한마디로 모두가 병자였고 모두가 비슷한 문제를 안고 있었다는 말이다.

■ 전킨 선교사의 '군산 드류기념병원(The Drew Hospital at Kunsan)'에 대한 계획

4. 드류 선교사에 대한 메리 전킨 선교사의 매우 개인적이고 다소 충동적인 언급은, 비록 그녀가 여러 번 숙고를 거듭하다가 이런 사실을 모친에게 밝혔다고는 할지라도, 그녀의 남편인 전킨 선교사의 병원 건립 계획을 통해서 드류 선교사에 대한 공식적인 입장이 선명하게 드러나게 됨으로 모녀지간의 개인적인 비밀로 그쳤기 때문이다. 이 편지에서 메리 전킨 선교사는 어머니에게 자신이 말한 내용에 대하여 어느 누구에게도 발

설하면 안 된다고 극도의 주의를 당부하였다.[212] 그러므로 이런 개인적인 서신에 큰 의미를 둘 필요는 없어 보인다. 또한 메리 레이번 전킨 선교사가 일관되게 보여 온 드류 가족에 대한 태도와 입장이 이 언급 하나로 폄훼되어서는 안 되기 때문이다.

전킨 선교사에게 드류 박사는 의지할 수 있는 큰 산과 같았다. 군산 선교 스테이션에서 오랫동안 병상에서 일어나지 못하고 사경을 헤맬 때도 그의 곁에는 드류 의사 선교사가 있어서 항상 든든하였다. 1901년 11월 4일에 안식년을 마치고 복귀하자마자 전킨 선교사는 드류 선교사 가족을 떠나보내면서 비통함과 안타까운 마음으로 무척이나 힘들어했다.[213] 그는 형님 드류 박사가 하루라도 빨리 군산 선교 스테이션으로 복귀하기를 간절히 바라고 소원하였다. 전킨 선교사의 간절한 소원은 그냥 허언이 아니었다. 그는 군산에 세워질 선교 병원에 대한 청사진을 가지고 있었다. 전킨 선교사는 '군산 드류기념병원(The Drew Hospital at Kunsan)'으로 이름을 지으려고 생각했으며, 예쁘고 빨간 벽돌로 아름답게 지어질 드류 병원을 생각하며 그의 빠른 복귀를 학수고대하고 있었던 것이다. 전킨 선교사는 드류 박사의 즉시 귀환에 우선순위를 두고 있으면서도, 드류 선교사의 위중한 병세를 누구보다도 잘 알고 있었기 때문에, 혹시 그의 복귀가 늦어질 경우를 대비하여 다른 의사라도 왔으면 하는 생각도 조심스럽게 하고 있었다. 여하튼 드류 선교사가 복귀하든, 다른 의사가 오든 상관없이 전킨 선교사는 '군산 드류 기념 병원'으로 병원명을 정해 놓았던

---
212) *Ibid*.
213) *The Missionary*, April 1902.

것이다. 이런 전킨 선교사의 병원 설립에 대한 청사진이 실현되지는 못했지만, 드류 선교사에 대한 그의 진심이 얼마나 진지하고 깊었는지를 알 수 있게 해 준다.

■ 반복되는 생사의 위기들

1901년 12월 6일에 막내인 엘리자벳을 옥시덴탈 호텔에서 출산한 루시 드류 선교사만큼이나, 아니 더하면 더했지 덜하지 않게, 드류 선교사는 생사를 오가는 위태한 상황 속에서도 가장으로서의 책임감을 무겁게 느끼고 있었다. 드류 선교사의 가족이 페리를 타고 샌프란시스코 베이를 건너서 이스트 오클랜드에 거주하기 시작하던 초창기 무렵에 그는 심각하게 생명의 위협을 느끼며 투병을 하고 있었다. 1902년 1월 초의 상황이었다. 드류 선교사는 버지니아주 메클렌버그의 체이스 시티에서 여전히 목회 중이던 부친 토마스 드류 목사에게 연락하여 자신의 병세가 위중함을 알리며 속히 방문해 주십사고 강청하였다.[214] 토마스 드류 목사는 사랑하는 첫째 아들의 위급한 소식에 안타까워하면서도 산적한 순회목회와 지역사회를 섬기는 일 등으로 결정을 못 내리고 있었다. 대륙 횡단 열차를 타고 여러 주간을 소요하며 왕복해야 하는 현실적인 문제도 76세의 토마스 드류 목사에게 쉬운 일은 아니었다.

---

214) *The Daily Times (Richmond, Virginia)*, Fri., January 17 1902.

1902년 1월 17일 자 드류 선교사의 위중한 상태를 알리는 기사.

1903년 10월 14일 자 드류 선교사의 위중한 병세와 토마스 드류 목사의 방문을 보도한 내용.

    1903년 10월경에 드류 선교사는 또다시 생명의 위기를 느낄 만큼 위중한 상태였다. 이때는 77세의 부친도 사태의 심각성을 간파하고 캘리포니아 이스트 오클랜드(East Oakland)에 있는 아들 집을 방문하였다. 당시 토마스 드류 목사가 체이스 시티 장로교회와 클락스빌 장로교회의 공동 담임목사로 시무 중이어서 시간을 내기가 쉽지는 않았지만, 당회와 교인들의 양해와 협조로 어려운 발걸음을 옮길 수 있었다.[215] 토마스 드류 목사는 아들의 월세 집에서 함께 생활하고 있던 도산 안창호 선생과 이혜련 여사도 만날 수 있었다. 시아버지 목사의 방문은 루시 드류 선교사에게도 크나큰 위로가 아닐 수 없었다. 그녀는 한국 선교지에서 세 명의 자

---

215) *The Times Dispatch (Richmond, Virginia)*, Sun., October 26 1903.

녀를 낳아 기르며 사역했고, 미국에 도착하자마자 막내인 엘리자벳을 낳았으며, 남편 선교사의 병치레까지 하고 있었으니 말이다. 친할아버지의 방문을 받은 네 명의 아이들도 마찬가지였다.

■ 고질적이고 치명적인 건강 문제로 자진 사임

생사의 고비를 넘나들던 드류 선교사는 1904년에 미 남장로교 한국 선교사 직임에서 최종적으로 사임하였다. 그가 사임한 이유는 오직 고질적이고 치명적인 건강 문제 때문이었다. 그와 함께 사임한 쿠바선교부 소속의 헨슬리 목사 선교사 부부도 같은 이유였다.[216] 이 당시 미 남장로교 파송 각국 선교부로부터 풍토병, 전염병, 질병, 익사, 각종 사고 등으로 죽어 가던 선교사들의 안타까운 소식들이 계속 전해졌다. 한국선교부에서도 선교사 자녀들의 연이은 죽음, 목포의 로티 위더스푼 벨 선교사와 최초의 내한 선교사인 리니 데이비스 해리슨 선교사의 죽음 등이 슬픔과 충격을 주고 있었다.

의사 선교사인 드류 박사는 전문의료인으로서 누구보다도 자신의 건강 상태를 잘 알고 있었다. 그는 자신의 건강 상태가 당시로서는 쉽게 회복되지 못할 것이라는 사실을 직감하고 있었다. 선교사역적인 측면에서, 그는 자신의 목숨보다도 아끼고 존중했던 전라도 사람들을 위해서라도 일단 사임을 하는 것이 다른 의사 선교사들을 통한 의료사역이 계속되도

---

216) *The Missionary*, May 1904.

록 배려하는 길이라고 판단했음이 분명해 보인다. 당시 미 남장로교 총회 소속 선교사로 임명을 받고도 파송을 기다리던 선교사 숫자가 무려 174명이나 되었기 때문에, 건강이 회복되는 기간만이라도 사임을 통해 후배 선교사들에게 기회를 주는 것이 합리적이라고 판단했음이다.[217]

드류 선교사의 손녀인 베티 브룩스 여사에 의할 것 같으면, 드류 선교사는 일단 자진 사직의 형식을 빌려서 선교부의 부담을 덜어 주고 건강 회복의 기회를 가지려고 했던 것이다. 그녀는 자신의 할아버지와 할머니의 선교사역이 단 한 번도 중단된 적이 없었다고 증언하고 있다.[218]

---

217) *Ibid*.
218) Interview with Betty Brookes, January 25 2025, Lakeport, California.

5-2

케임브리지 대학에
한국교회 초기 문헌 기증

1901년 11월 26일에 샌프란시스코 여객터미널을 통해 입국한 드류 선교사 가족은 고향인 버지니아로 가지고 못하고 옥시텐탈 호텔에 숙박하고 있었다. 드류 선교사의 건강이 악화일로에 있었고, 설상가상으로 12월 6일에 호텔에서 엘리자벳이 태어났다. 이런 불가항력적인 상황 속에서 드류 선교사 가족은 이스트 오클랜드에 월세 집을 얻어서 임시거처를 마련하였다. 일단 드류 박사가 죽을 고비를 넘기고 가족이 어느 정도 안정을 찾아갈 무렵, 드류 선교사는 고향인 영국 잉글랜드를 방문하였다. 그는 요양차 고향을 방문하면서 케임브리지 대학을 방문하여 한국에서 수집한 초기 문헌들을 기증하였다.[219]

드류 선교사의 한국에 대한 애정과 관심은 언제나 동일했고 시간이 가면 갈수록 더 심화되어 갔다. 한국에 대한 사랑과 애정이 없다면, 과연 드류 선교사가 한국어 서적을 수집하고 보관할 수 있었을까? 절대 그럴 수 없는 것이다. 그가 어떤 경로로 한국 기독교 관련 서적들을 케임브리지

---

219) 최은수, '드류 선교사의 해외 독립 유공자 추천 자료를 찾아서 1', *교회와 신앙*, 2023년 8월 7일.

대학교에 기증했는지는 알려진 바가 없다. 한 가지 확실한 것은 그가 영국 잉글랜드 태생으로서 자신의 모국에 대한 자연스러운 관심과 함께, 어릴 적 추억이 새록새록 피어나는 고향으로의 회귀 본능이 작용했을 가능성이 가장 크다. 국외소재문화재재단 지원으로 케임브리지를 방문했다가 드류의 기증품들을 목격했던 조사단의 보고서에는 다음과 같이 기록되어 있다.

영국 캠브리지 대학에 소장되어 있는 애스턴의 자료를 조사하면서, 이와는 별도로 초기 성경 및 선교 관련 자료를 발굴하는 수확을 얻었다. 영국 캠브리지 대학 지하서고에는 총 58종 63책의 조선시대 전적이 존재한다. 이 책들은 대부분 일반 서적으로 분류되어 있다. 책들은 '만조민광', '신약전서', '구약촬요' 등을 비롯한 다양한 성경 및 선교 관련 자료이다. 이 자료를 검토한 결과 1893년 미국 남장로회에서 조선(한국) 선교를 위하여 최초로 파견되었던 의료 선교사 드류(Drew)의 수집품임을 확인할 수 있었다. 드류는 1893년 대학 졸업과 동시에 조선에 입국했다. 그는 입국한 뒤로 당시 많은 사상자를 냈던 콜레라 퇴치에 정력을 쏟았다. 이후 지방 선교 사업의 중요성을 인식하면서 레이놀즈, 전킨 등과 함께 전라도 지역으로 내려가 이 지역에서의 선교에 매진했다. 그리고 1896년에는 아예 자신의 가족을 데리고 군산으로 내려가 정착했다. 이때 자신의 집에다가 진료소를 차려 놓고 환자를 돌보면서, 군산을 비롯한 전북 지역의 선교, 군산 예수병원설립, 선교선(宣敎船)을 활용한 진료와 선교사업에 주력했다. 이후 함께 선교 사업을 펼쳤던 동료 전킨이 죽고, 남장로교 선교 본부에서 군산 선교부의 철수를 권유하게 되면서, 조선(한국)에서의 의료 선교 활동을 그만두고 1902년에 조선을 떠난다. 그가 썼던 조선식 이름은 유대모(柳大模)로 그가 수집했던 성경, 선교 관련 자료 모두에다가 도장을 찍어 놓았다. 이 책들은 기존 성경책 간행연도보다 앞선 것들이 많아서 후대본과의 대조를 통해서 성경 간행 연도에 대한 새로운 결과를 도출해 볼 수 있다. 또한 동일한 제목의 자료라고 하더라도 간행연도별로 지형(紙型)의 차이가 존재하여 성경 간행에 대한 새로운 사실을 알려 주고 있다. 특히 초기 성경책에 기재된 간행 부수, 가격을 통해서 당시 개신교신자들의 숫자를 가늠해 볼 수 있고, 교파(敎派)를 떠나서 국내에서 간행된 여러 성경 자료에 대한 거시적인 안목을 제공하고 있다. 이 자료를 통하여 다음과 같은 앞으로의 과제를 생각해 볼 수 있다. 프랑스에서 발굴된 성경 및 선교 관련 자료, 영국 옥스퍼드대학에 존재하는 성경 및 선교 관련 자료, 프랑스에 있던 성경 및 선교 관련 자료들을 함께 묶어서 이들 자료 전체에 대한 문헌학적 연구를 시도해 볼 수 있다.[220]

이 보고서를 통해 몇 가지 중요한 사실을 알 수 있다. 첫 번째로, 드류 선교사가 영국의 청교도 신앙과 전통에서 성장했다는 관점에서 볼 때, 한국에 들어온 모든 교파들의 배경이 청교도 신앙 전통이라는 점에서 거부감이 없었으며, 그가 거시적이고 넓은 시각에서 그들 모두를 포용할 수 있었다는 것이다. 보고서에서도 언급하였듯이, 드류 선교사는 교파적인 선입견보다는 한국이라는 관점을 우선시하여 초교파적으로 신앙 서적들을 수집하였다는 말이다. 두 번째로, 이 보고서를 작성한 학자들이 신학이나 기독교 역사 전문가들이 아니라는 측면에서, 그들의 시각은 좀 더 객관적일 수 있고, 비록 약간의 부정확한 지식이 있을지라도, 상당히 다

---

220) 유춘동, '국외소재문화재재단지원, 구한말 영국공사 애스턴(Aston)이 수집했던 조선시대 전적 조사의 성과와 과제', *열상고전연구* 46집, 2015년 8월, 22-23.

른 각도에서 드류 선교사를 바라보게 한다. 전킨 선교사가 무리한 사역으로 심신이 쇠약해져서 1908년 1월 8일에 전주에서 사망한 것과 드류 선교사가 한국을 떠난 시기의 간격이 너무 커서 상호 연결을 지을 수는 없다. 무슨 근거에서 그런지는 확실치 않지만, 보고서는 드류 선교사가 군산을 떠난 것이 건강의 악화가 아니라, '선교 본부에서 군산 선교부의 철수를 권유하게 되면서'라고 기록하면서, 이런 사실에 근거해서 드류가 1902년에 이거했다고 기록한다.[221]

드류 선교사가 기증한 책의 일부. 그의 한국어 이름을 새긴 도장이 찍혀 있다.

    이상과 같이, 보고서의 내용은 새로운 시각에서 드류 선교사를 바라보도록 생각의 여유를 준다. 하지만, 전킨 선교사의 죽음은 1908년이었고, 군산 선교 스테이션이 폐쇄되지도 않았다. 지금까지 살펴본 대로, 드류 선교사는 건강상의 이유로 안식년차 전라도 선교지를 떠났던 것이다. 그의 건강이 회복되지 않아서 자진 사임의 형식을 빌려 일단 현직에서 물러났다. 이 모든 조치는 의사로서 자신의 건강이 단기간에 회복되기 힘들다는 판단이었고, 다각도로 여러 가지 면면을 배려한 합리적인 결정이었던 것이다. 그는 건강이 회복되는 대로 그리던 선교지로 복귀코자 하는 생각을 단 한 번도 멈추지 않았다.

---

221) *Ibid*, 23.

5-3

대한 독립을 위한 의의 길: 드류 선교사 없이, 독립운동가 도산 안창호도 없다

드류는 여전히 한국인들을 위하여 예비된 선교사역자였다. 건강의 문제 때문에, 그가 당장에 한국의 사역지로 복귀할 수 없었지만, 그는 어디에 있든지 온통 한국과 한국인들 생각으로 가득 차 있었다.[222] 드류와 그의 가족이 선교지에서 샌프란시스코로 돌아온 지 얼마 되지 않았을 무렵인 1902년 10월 14일에 도산 안창호와 부인 이혜련이 선박으로 도착하였다. 도산 안창호의 나이 23세였을 때인데, 그 젊은 부부가 일본에서 배를 잘못 타는 바람에 캐나다의 밴쿠버에 도착하였고, 거기서 다시 샌프란시스코로 가는 배를 탔던 것이다. 이런 예기치 못한 상황 속에서 그들이 가지고 있었던 여비가 다 떨어져서 난감한 상황에 빠졌다. 그 부부는 친구나 아는 사람이 하나도 없는 이국땅에서 유리방황하는 처지가 되고 말았는데, 완전히 절망하며 샌프란시스코 차이나타운에서 떠돌고 있을 때, 서울에서 만난 적이 있었던 드류 선교사와 기적적으로 재회하여 오클랜드 워드 세븐(Oakland Ward 7), 즉 이스트 오클랜드(East Oakland)에 있는

---

[222] 최은수, '드류 선교사의 해외 독립 유공자 추천 자료를 찾아서 2', *교회와 신앙*, 2023년 9월 5일.

드류 선교사 집에서 지내게 되었다.[223]

　도산 안창호 부부가 샌프란시스코를 거쳐 이스트 오클랜드에 도착한 지 얼마 지나지 않아서 드류 선교사의 주선으로『샌프란시스코 크로니클』신문과 인터뷰가 이루어졌다. 기자가 드류의 집에 도착했을 때, 거실 한켠에 커다란 한국의 태극기가 걸려 있는 것을 보면서 강한 인상을 받았는지 그 모양을 자세하게 기술하였다. 당시 드류 선교사의 가족들과 도산 안창호 부부는 저녁식사 중에 있었다. 기자와의 인터뷰에서 도산 안창호는 자신이 미국에 오게 된 동기를 설명하였다. 그는 평소 친구로 지내던 언더우드(원두우) 선교사로부터 미국에 가서 선진 문물을 견학하고 배움의 기회를 가졌으면 좋겠다는 조언을 듣고 실행에 옮겼다고 말했다. 그가 미국 유학을 간다고 하자 어떤 부자가 $20을 주었고 기타 다른 사람들의 후원금을 합하여 여비로 사용했다는 것이다. 도산은 자신도 드류 의사 선교사처럼 외과 의사가 되어 한국민들을 치료하는 일도 좋은 일이라고 생각하나, 자신의 성격상 수술을 집도할 용기가 나지 않기 때문에, 오히려 가르치는 선생이 되어 민족을 계몽하는 일에 집중하는 것이 자신과 더 맞다고 피력하였다. 도산은 드류 박사의 통역으로 한국의 역사와 문화에 대하여 많은 이야기를 들려주었다.[224]

223) *San Francisco Chronicle*, December 7 1902.
224) *Ibid*.

■ 전라도 선교지를 향한 드루의 진심과 식지 않는 열정

『샌프란시스코 크로니클』 기자가 도산 안창호 부부와 나눈 인터뷰는 도산의 배경과 그의 사상을 엿볼 수 있는 자료일 뿐만 아니라, 드루 선교사에 대하여도 중요한 정보를 알려 주었다. 드루 선교사의 근황과 연관된 중요한 사실 첫 번째는 그가 8년 동안 감당하던 선교사역을 잠시 중단하고 '요양차' 또는 '안식년'을 가지고자 샌프란시스코와 오클랜드에 잠시 머물고 있다는 점을 분명히 했다는 것이다. 기자의 표현을 보면, 드루 선교사가 '8년 동안 장기 거주하던(a residence of eight years in Corea)' 한국을 떠나서 '요양 차원에서 잠시 방문(a restful visit)' 중이라고 기사에 썼다.

드루 선교사가 주선하여 도산 안창호가 일간지 기자와 대담을 하였고 1902년 12월 1일 자로 전면 특집 기사가 소개되었다. 여기서 드루 선교사는 자신이 회복차 일시적이고 단회적인 방문 중이라고 정확히 밝혔다.

영어 표현에서 '레지던스'라는 단어가 장기적인 체류를 할 때 사용하는 용어였던 반면, '비짓(visit)'은 일시적인, 한시적인, 방문 후에 곧 원래의 자리로 돌아갈 때 사용하는 단어이다. 그것도 비짓(visit)에 단수를 붙여서 일회성 방문 또는 일시적인 단 한 번의 방문임을 정확히 표현했다.

이런 사실은 드루 선교사가 자신의 건강이 좋아지는 대로 빠른 시일 안

에 군산 선교부로 복귀하기 위해 샌프란시스코 항구 인근에 거처를 정하고 추이를 살펴보고 있었다는 증거다. 일반적으로 미 남장로교 파송 선교사들이 안식년을 얻어 미국으로 갈 때는 아무리 여행거리가 멀어도 자신들의 고향이며 사랑하는 혈육들이 살고 있는 남부로 갔다. 사실 미 서부의 한 항구에 도착한 후, 그들이 대륙 횡단 열차를 타고 미 남부의 고향을 방문하는 것도 육체적으로 볼 때 엄

『샌프란시스코 크로니클』기자가 촬영한 도산 안창호 선생과 이혜련 여사.

청 피곤한 일이었다. 그런 이유로 인하여 안식년을 얻은 선교사들이 종종 샌프란시스코 항구 인근에 임시로 거처를 정하기도 했다. 하물며 건강상 이유로 정말 떠나기 싫었던 군산과 군산의 민초들을 뒤로하고 발걸음을 돌릴 수밖에 없었던 드류 선교사에게 고향인 버지니아 주의 매클렌버러 카운티까지의 여정이 큰 무리가 되었을 것이다. 장남인 드류의 입장에서 볼 때, 오래전에 상처한 후, 고향에서 홀로 살고 있던 부친 토마스 드류 목사와 자신을 희생하며 뒷바라지했던 동생들이 얼마나 그리웠겠는가! 아울러 드류의 부인 루시 드류 선교사도 버지니아 주 댄빌에 홀로 된 부친, 오빠, 언니, 그리고 두 여동생 등 혈육들이 살고 있는데도 남편인 드류 선교사의 사정 때문에, 또는 자신의 건강으로 인하여, 그리움만 달래고 있었다.[225]

---

225) The 1880 United States Federal Census for L. E. L. Drew 참조.

두 번째로, 도산 안창호 부부와 나눈 이 인터뷰는 사실상 드류 선교사 자신의 대담이라고 해도 과언이 아닐 정도로, 드류 선교사의 통역 못지않게 그가 더 많은 설명을 기자에게 함으로, 그의 한국에 대한 지식이 얼마나 구체적이고 방대했으며 한국민에 대한 선교적 열정과 사랑이 얼마나 깊었는지를 알게 해 준다. 『샌프란시스코 크로니클』 기자는 다음과 같이 기술하였다.

한국은 아시아의 남동쪽 귀퉁이에 위치한 반도 모양의 국가이다. 이 나라는 여러 개의 섬들로 이루어진 일본 제국의 맞은편에 위치한다. 한국 전체는 캘리포니아의 절반 정도 되는 크기이며, 뉴욕과 펜실베이니아를 합쳐 놓은 면적 정도다. 한국은 필리핀의 모든 섬들을 합친 면적의 3분의 2 정도 되는 크기지만, 인구는 필리핀보다 훨씬 많다. 한국의 전체 인구가 어림잡아 8,000,000만에서 15,000,000만 명으로 추산되는데, 이 중에서 15,000명이 일본인이고 중국인이 4,000명이고 미국을 비롯한 영어권에서 온 외국인들이 500명 정도 된다. 한국은 전적으로 농경 국가여서 쌀, 보리, 콩 등 여러 작물들, 그리고 특산물인 인삼과 담배를 주로 생산한다. -중략- 사람들은 악령 숭배자들이 많다. 한국의 상류층들 가운데서는 유교가 주류를 이룬다. 한국 전역에 걸쳐서 수많은 불교 사원들이 존재하고 불교도들의 숫자는 헤아릴 수 없을 정도로 많다. 그에 비하며 기독교는 아직 적은 규모다. 천주교 신자가 30,000명 정도고 개신교는 1,500명밖에 안 된다. 하지만 미국을 비롯한 영어권 선교사들이 100명이 넘는데 이들의 헌신적인 사역으로 기독교의 규모가 획기적으로 커지고 있다.[226]

---

226) *San Francisco Chronicle*, December 7 1902.

앞에서 드류 선교사의 한국에 대한 지식이 방대했다고 언급하였듯이, 기자가 작성한 내용을 볼 때, 당시 23세의 도산 안창호가 알고 있던 지식이라고 하기에는 너무 체계적이고 구체적이어서, 드류 선교사가 기자에게 설명한 내용이라고 해야 합리적이다. 이렇듯 드류 선교사의 한국에 대한 지식은 혀를 내두를 정도로 박식하고 상상 이상이었다. 그가 한국의 문화와 풍습에 대하여 인터뷰 중간중간에 부가적으로 설명하는 내용을 보면 드류 선교사가 한국 사람들의 기질이나 내면세계에 대하여도 정통해 있었다는 것을 알 수 있다.

세 번째로, 드류 선교사가 샌프란시스코 차이나타운에서 방황하던 도산 안창호 부부를 발견했다는 대목에서 알 수 있듯이, 그는 중국인들과 소수의 한국인들을 대상으로 하는 의료사역을 통해 군산 선교부에 대한 그리움과 아쉬움을 조금이나마 달래고 있었다. 당시에는 한국인들의 이민이 흔하지 않았기 때문에 개인적으로 미국에 와서 정착을 시작했던 20여 명 정도가 있을 뿐이었다. 이들도 드류 선교사와 연결되어서 직간접적인 도움을 받았다. 이 말은 도산 안창호 부부만 이스트 오클랜드에 있는 드류 선교사 집에서 신세를 졌던 것이 아니라는 사실이다.

드류 선교사는 8년 동안 한국에 거주하며 의료 선교사역을 감당하면서 한국의 '사랑방'에 대하여 익히 알고 있었다. 한국 사람들의 손님을 극진히 대접하는 생활 습관에 대하여 깊은 감명을 받은 드류 선교사가, 기독교의 사랑으로 손 대접하기를 힘쓰는 실천이 한데 어우러져, 그의 집은 한국인들의 방문으로 북적였다.[227] 샌프란시스코 지역으로 이민 온 한국 사람치고 드루 선교사의 '사랑방'을 안 거친 이가 없을 정도였으니 말이다. 미국에서 드루 선교사로부터 물심양면의 지원을 받았던 도산 안창호는 1903년에 9명과 함께 샌프란시스코 친목회를 조직하여 이끌었고, 이 모임이 샌프란시스코 한인 교회로 발전하는 토대가 되었다. 1905년 4월 5일에는 미국 이민 역사상 최초이자 첫 해외 독립운동 단체인 공립협회를 조직하였고 도산 안창호가 회장이 되어 리더십을 발휘하였다. 공립협회는 회원들의 희생적인 헌신에 힘입어 건물도 구입하였다.

샌프란시스코 공립협회 터.

장인환, 전명운 의사의 친일 외교관 스티븐슨 저격 사건을 계기로 공립협회 등 여타의 독립운동 단체들이 연합하여 대한인 국민회를 결성하였다. 이곳은 총회관 터이다.

---

227) *Ibid*, Crane, 101.
228) 최은수, '최초의 의료 선교사, 다말 드루 4', *교회와 신앙*, 2025년 2월 5일.

■ 1906년 샌프란시스코 대지진과 드류의 의료 선교사역

드류 선교사와 그의 가족에게 평생 잊지 못할 대사건이 발생했는데, 이른바 1906년 샌프란시스코 대지진이었다. 1906년 4월 18일 새벽 5시 12분에 진도 8 전후를 기록하며 캘리포니아 역사에서 가장 비극적인 대지진이 발생하였다.『오클랜드 트리뷴』은 1면 머리기사의 제목을 '대재앙'이라고 제목을 달았다.[229] 이 전대미문의 자연재해를 통해 3,000명 이상이 죽었고, 수천 명의 부상자가 발생했고, 샌프란시스코 총 인구인 410,000만 명 중에서 300,000만 명 전후의 사람들이 집을 잃고 이재민이 되었으며, 도시 전체 중 80% 이상이 파괴되

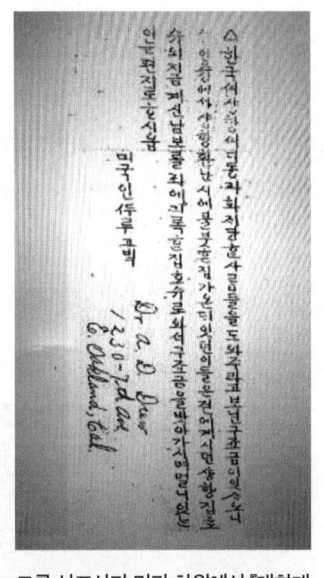

드류 선교사가 민간 차원에서『대한매일신보』주최로 모금한 지진 구제금을 분배한다는『공립신보』의 광고다.

었다. 중국인들의 피해는 더욱 막심하여 사상자 숫자도 제대로 파악되지 못했고, 심지어 은폐되거나 무시되었다. 한국인들의 피해도 적지 않아서 집을 잃은 사람들이 약 50명 전후가 되었으며, 1905년에 매입했던 공립협회 회관도 완전히 파괴되었다. 이 혼란의 와중에 도심의 여기저기서 신원을 알 수 없는 수십 명이 몰려다니며 약탈행위를 하다가 경찰의 진압과정에서 총에 맞아 죽는 불상사도 잇따랐다.

---

229) *Oakland Tribune and San Francisco Chronicle*, April 18 1906.

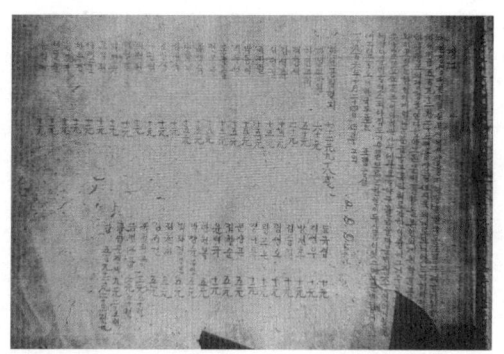

『공립신보』에 민간 차원의 구호금을 공정하게 배분했다는
드류 선교사의 공고.

샌프란시스코 만을 가로질러 그 반대편에 있었던 드류 선교사의 집도 큰 진동을 겪었지만 피해는 없었다. 이제 막 출범한 샌프란시스코 한인 교회를 중심으로 이재민들을 돌보는 일을 하는 가운데, 거의 완전히 파괴된 도시에 있을 수 없고 여진도 계속 발생했으므로, 이스트 오클랜드에 있는 드류 선교사의 집을 중심으로 도움의 손길을 펼쳤다. 대한제국의 고종 황제가 보낸 지진 재난 보조금과 연관하여, 1905년 을사늑약을 통해 외교권을 강탈한 일제가 이 구제금을 샌프란시스코 일본 영사관을 통해 분배함으로, 일제가 대외적으로 모든 외교적 권한을 행사하게 되었다는 사실을 만천하에 드러내려는 계략을 꾸몄다. 당시 그 액수 $1,900이었으니, 현재의 가치로 따지면 90,000,000만 원 정도 되는 거금이었다.

처음에는 일제가 공립협회를 내세워서 자신들의 책략을 과시하려고 했으나, 일제의 저의를 간파한 공립협회가 단호하게 거절함으로 그런 계략이 무산되었다. 드류 선교사도 공립협회와 처음부터 보조를 맞추어 왔

고종 황제가 하사한 구제금의 분배를 맡은 낙글린 선교사가 『공립신보』에 게재한 안내문. 고종 황제의 하사금 분배와 관련하여 외교권을 강탈한 일제가 주도적으로 집행하려는 계략을 간파한 드류 선교사와 도산 안창호 선생은 일체 관여하지 않았다.

기 때문에, 일제의 농간에 놀아나지 않고 정도를 지켰다. 드류 선교사는 일제의 계략에 넘어가지 않았고, 정치·외교적으로 이용당할 소지가 다분했던 고종 황제의 구호금 배분에는 일체 개입하지 않았다. 대신 드류는 민간 차원에서 모금된 구제금을 분배하기 위해 샌프란시스코에서 발간되던 『공립신보』에 광고를 싣고 자신의 집으로 직접 오든지 우편을 통하여 구호금을 수령하라고 알렸다. 어찌 보면 드류 선교사의 셋집이 샌프란시스코가 아닌 이스트 오클랜드에 있어서, 이 큰 재난을 겪으며 예비하신 피난처와 같이 사용되었다. 드류 선교사의 집에 항상 한국인 손님들이 그칠 날이 없었는데, 이런 큰 재난을 맞이하여 수십 명의 이재민들까지 수용했으니 웬만한 사람은 감당하기 어려운 일이었다.[230] 특히 부인

---

230) 최은수, '최초의 의료 선교사 다말 드류 1', *교회와 신앙*, 2023년 6월 9일; 최은수, '최초의 의료 선교사 다말 드류 4', *교회와 신앙*, 2025년 2월 5일.

루시 선교사와 네 명의 자녀들이 그런 부담을 고스란히 떠안아야 했으니 대단한 선교사 가족이라고밖에 달리 할 말이 없다.[231]

■ 왜 미국인 드류라고 했을까?

필자는 『공립신보』에 게시된 드류 선교사의 광고 내용이나 향후 그의 활동에 대하여 『공립신보』가 언급한 내용들을 통해 '미국인 드류'라고 한 점에 대하여 잘 납득이 가지 않았고 의구심이 들었다. 왜냐하면 드류 선교사가 한국명인 유대모라는 이름을 자랑스러워했고 그가 소장한 서적들에 유대모라는 인장을 꼭 찍어 놓을 정도로 한국에 애착이 강했기 때문이다. 그런데 한국적인 정체성이 분명한 공립협회의 기관지인 『공립신보』에 보란 듯이 '미국인 드류'라고 명시를 했으니 다소 충격적이었던 것이 사실이다. 필자가 판단하기에 다음과 같은 이유가 있었다고 사료된다.

첫 번째로, 19세기 후반부터 시작된 캘리포니아의 인종차별 관련 법령들이 20세기 들어 더욱 강화되고 있었고, 노골적인 아시아인 차별과 비하가 공공연하게 자행되고 있었던 시대적 상황 속에서 보아야 한다. 드류 선교사가 '미국인'이라고 했을 때, 이는 당시 미국의 주류인 '백인'을 지칭하는 말이다. 인종차별의 주체인 '미국인'이 외교권까지 일제에 강탈당한 한국사람들과 어울린다는 자체만으로 조소와 비아냥거림의 표적이 되고도 남았다. 당시 드류 선교사는 거의 모든 백인들이 모여 살던 오클랜드

---
231) Crane, 101.

힐스(Oakland Hills)가 아닌, 악명이 높은 이스트 오클랜드에서 셋집을 전전하고 있었다. 오클랜드 힐스에 사는 백인들은 백인 우월주의와 인종차별주의의 대명사와 같았던 쿠 클럭스 클랜(KKK)의 열렬한 지지자들이었다. 이런 분위기에서 한국인들의 신문에 드류 선교사가 '미국인 드류'라고 명기한 것은 대단한 용기와 한국에 대한 존경이 아닐 수 없었다.

두 번째로, 드류 선교사가 고종 황제의 구제금을 가지고 농간을 부리려는 일제의 계략을 알고 있었다는 견지에서, 외교정치적인 책략에 이용당하는 것을 경계하면서, 『대한매일신보』가 민간 차원에서 모금한 구호금을 배분하는 일에 나섰다는 점에 주의를 기울여야 한다. 민간 차원의 모금이었는데도 불구하고, 드류 선교사는 혹여나 일제의 책략이 개입할 것을 배제하기 위해 '미국인 드류'라는 명칭을 강조해서 사용함으로 그 어떤 외교·정치적인 계략도 용납하지 않으려고 했을 가능성이 대단히 높다. 정황상 거의 그렇다고 해야 이치에 맞다.

세 번째로, 드류 선교사와 『공립신보』가 사전에 협의라도 한 것처럼, 『공립신보』도 기사에서 '미국인 드류'라고 정확하게 명기하며 불순세력들의 개입을 원천적으로 차단하고 있다는 점이다. 일단 『공립신보』의 분위기가 드류 선교사에 대하여 노골적이라고 할 정도로 호의적이라는 사실에 주목할 필요가 있다. 이는 드류 선교사를 '미국인'이라고 지칭하면서 당시의 대다수 인종차별적인 미국인들에게 보란 듯이 과시하려는 측면도 있었을 것이고, 드류 선교사 자신도 마찬가지로 한국인들에 대한 자신의 호의적인 태도를 분명히 하였다는 점이다. 세 가지 측면에서 드류 선교사가 굳이 자신을 '미국인 드류'라고 했을 때, 자신을 향한 동족, 즉 인종차별적인 백인들의 따가운 시선을 감수했다는 것이고, 아울러 그들에게 교훈적인 메시지도 되었고, 한국인들에게는 자신들을 위해 기꺼이 나서 주는 백인 신사, 즉 선한 사마리아 사람과 같았다.

■ 입국 비용 지불, 신체검사 편의 제공

드류 선교사는 검역 의사로서 샌프란시스코 페리 터미널에서 공중보건과 방역 관련 일을 하면서, 당시 하와이 등지에서 보다 나은 대우를 해 주는 캘리포니아로 이주하는 한인들과 기타 한인 이민자들을 위해 여러모로 편의를 제공하였다. 그중에서 드류 선교사는 입국 경비를 못 내는 한인들을 위해 비용을 대신 지불키도 하였고, 입국 수속에 필요한 신체검사의 과정에서도 도움을 주었다. 이 같은 사실은 『세계한민족문화대전』에 소상하게 언급되고 있다.

■ 한인교회 사역과 인재 양성

드류 선교사는 한국인 없이는 살 수 없는 사람이었다. 그가 후원하여 해외 독립운동의 기초를 마련해 준, 도산 안창호 선생이 샌프란시스코 차이나타운에서 동포끼리 싸우는 모습을 보고 미주 최초로 한인친목회를 조직하였는데, 이런 시도는 샌프란시스코 한인교회 설립으로 이어졌다. 드류 선교사는 한인교회의 설립 초기부터 직간접적으로 기여하였다. 1906년에 포사이드(보의사, Dr. W. H. Forsythe) 선교사는 전라도에서 얻은 질병 때문에 의무적인 안식을 갖게 되었는데, 귀국하는 여정 중에 샌프란시스코에서 드류 박사를 만났다. 보의사 선교사도 의사 선교사로서 전주와 목포, 그리고 광주를 오가며 의료 선교를 펼치고 있었고, 광주로 향하던 길에서 한센병 환자를 만나서 동행한 것이 여수 애양원의 효시가 되었다. 미 남장로교 파송 최초의 의료 선교사가 되어 전라도를 아우르며 선교사역을 펼쳤던 드류 선교사에 대하여 후배 선교사가 관심을 갖는 것은 당연한 일이었다.

포사이드 선교사가 샌프란시스코에서 만난 드류 박사는 여전히 한국인들을 중심으로 선교사역을 감당하고 있었다. 드류 선교사는 샌프란시스코 한인교회를 섬기면서 주일학교 학생들을 가르치고 있었다. 드류 박사를 포함하여 부인 루시 드류, 그리고 한국에서 태어난 아이들은 한국어를 훌륭하게 구사하였다. 샌프란시스코 옥시덴탈 호텔에서 태어난 막내 엘리자벳도 부모와 형제들을 통하여 자연스럽게 한국어를 접하였다. 사실 한국에서 태어난 루시, 클레멘트, 헬렌은 한국어는 자연스럽게 구사하였지만, 영어는 남의 나라 말처럼 서툴고 어색하였다. 드류 선교사는 야간 학교에서 한국인 학생들을 가르치고 있었다.[232]

보의사 선교사는 1906년 샌프란시스코 대지진이 발생했을 때, 드류 선교사가 이재민이 된 한인들을 자신의 집으로 피신시켜서 그들을 위한 합당한 대책이 마련될 때까지 다각도로 도움을 주었다는 사실까지 확인하

---

232) *The Missionary*, July 1906.

였다. 드류 선교사의 헌신적인 사역에 영향을 받고 있던 의료 선교사들에게 그의 중단 없는 사역의 모습이야말로 크나큰 도전이 아닐 수 없었다.

포사이드 선교사에 의할 것 같으면, 드류 선교사가 주일학교나 야간학교 교육을 통하여 양성한 2-3명의 학생들을 복음사역자로 한국에 파송할 계획이었다. 드류 선교사는 한국에서 사역할 동안 추수할 것은 많은데 일꾼이 없다는 입장을 줄기차게 외치면서, 더 많은 선교 헌신자들이 필요하다고 강변하였었다.[233] 그런 견지에서 드류 선교사는 기회가 닿는 대로 인재를 양성하여 전라도의 선교지로 보내려고 했던 것이다. 물론 드류 박사 자신도 건강의 문제가 해결되면 언제든지 한국 선교지로 복귀코자 했다.

■ 16년 만에 파송교회를 방문하다

드류 박사, 루시 드류 선교사, 루시, 클레멘트, 헬렌, 엘리자벳 등 6명의 가족들은 친할아버지와 고모가 있는 버지니아 체이스 시티를 방문하였다. 드류 선교사의 파송교회인 체이스 시티 장로교회를 떠난 지 16년 만에 그동안 태어난 4명의 자녀들을 데리고 고향으로 돌아온 것이었다.[234] 부친 토마스 드류 목사는 82세의 고령임에도 불구하고 여전히 담임목사로 섬기고 있었다. 당시 체이스 시티를 포함하여 버지니아에서 교육자요

---

233) *The Missionary*, December 1894.
234) *The Times Dispatch (Richmond, Virginia)*, Tue., June 16 1908; *The News (Lynchburg, Virginia)*, Wed., June 17 1908; 최은수, '최초의 의료 선교사 다말 드류 2', *교회와 신앙*, 2024년 3월 22일.

사회활동가로 명망이 높았던 쌍둥이 여동생 중 생존자인 호르텐스 드류도 반가운 인물 중 한 명이었다. 아울러 오웬의 이모이며 드류 선교사에게도 각별한 수잔과 그녀의 딸 가족 모두에게도 반가운 만남이었다.

드류 선교사는 16년 만에 찾은 고향교회에서 뒤늦은 선교보고를 하였다. 그가 전라도에서 겪었던 고난과 역경에 대하여 말하면서도 믿음으로 이 모든 환경을 넘어서서 사역한 이야기는 예배당을 가득 메운 청중들에게 도전이 되고도 남았다. 그는 한국 선교지에서 수집한 물건들을 전시하여 교인들에게 뜨거운 관심을 불러일으켰다. 드류 박사 가족의 방문을 보도한 기자는 '드류 박사는 육체적으로 강인함의 모델이며 타의 추종을 불허할 정도의 정신력을 가진 인물'이라고 묘사하였다.[235]

■ 오클랜드 박물관에 기증

드류 박사는 케임브리지 대학에 한국교회 초기 문헌들을 기증한 이후에 추가로 한국 관련 유물들을 오클랜드 박물관에 기증하였다. 1911년 3월에 오클랜드 박물관에 기증한 개인과 단체가 공개되었다. 기증자 명단에는 한 단체와 세 명의 기증자들이 이름을 올렸고, 개중에 드류 박사가 있었다. 그는 한국어로 된 마가복음서와 42개의 한국 동전들을 기증하였다. 아울러 은과 동으로 만든 7개의 일본 동전들도 기증품목에 포함되었다.[236]

---

235) *The Times Dispatch (Richmond, Virginia)*, Tue., June 16 1908.
236) *Oakland Inquirer (Oakland, California)*, Fri., April 14 1911; 최은수, '최초의 의료 선교사 다말 드류 2'.

180	208	Korean cash, copper, brass	Korea		Dr. A. D. Drew	Oakla...
180	209	Brass coin	Korea			
180	210	Silver coin	Japan			
180	211	Copper coins				

오클렌드 박물관의 기증 목록.

5-4

버클리 대학에서 학문 정진과 최후의 헌신, 시신 기증

드류 선교사에 대하여 연구하면 할수록 그가 얼마나 탁월한 인문학적 소양을 가지고 있었는지에 대하여 알게 됨과 동시에 놀라움을 금치 못한다. 그의 관심과 전문성은 의학은 기본이거니와 국제관계, 역사, 문화, 지리 등 인문학의 모든 분야에 이르기까지 광범위하였다. 드류 박사는 아프리카의 의료 선교사이자 탐험가인 데이빗 리빙스턴과 너무나도 닮은 점이 많았다. 포사이드 의사 선교사가 1906년에 샌프란시스코에서 드류 선교사를 만났을 때도 그는 한국 학생들에게 자신의 인문학적 전문지식을 나누고 있었다.

그의 인문학적 관심과 도전은 버클리 대학에서 역사학 전공으로 박사과정(Ph.D)을 밟도록 이끌었다. 1914년부터 드류 박사는 박사과정 학생이 되어 자신의 인문학적 소양의 지평을 넓혀 나갔다.[237] 드류 선교사는 55세의 다소 늦은 나이에 만학도로서의 열정을 가지고 학문에 정진하였다. 부친 토마스 드류 목사가 91세까지 현직 담임목사로 목회를 했던 것

---

237) The California, U.S., Historical Students Database, 1893-1946 for Drew.

을 감안할 때, 드류 선교사의 학문적인 도전이 오히려 자연스러워 보이기도 한다. 그의 모든 신학적, 의학적, 인문학적 능력들을 선교지인 전라도에 쏟아부었던 점을 생각하면, 그의 역사 연구도 한국과 전라도 중심이었을 것이 자명하다.

버클리 대학 중앙도서관과 새더 타워.

드류 의사 선교사는 자진해서 선교사직에서 사임을 한 이후에 더욱더 건강이 회복되면 선교지 전라도로 복귀하려는 마음으로 모든 여건이 성숙해지기만을 기다리며 살았다. 그는 이스트 오클랜드를 떠나지 않고 여전히 월세 집을 전전하며 꿈에도 그리는 곳으로 가고자 했다.

1901년 11월 26일 화요일에 미국 땅을 밟은 드류 선교사는 여러 가지를 배려하여 한국 선교사 직임에서 자진 사퇴를 한 이후에도 건강이 회복되면 꿈에 그리던 전라도 선교지로 돌아가고자 하는 꿈을 잃지 않고 살았다. 그래서 이스트 오클랜드 월세 집을 전전하며 기회를 보며 살았던 것이다. 하지만 그의 꿈은 이루어지지 않았다. 1926년 12월 11일 토요일에 그는 한국 선교지로 가는 대신에 본향으로 거처를 옮겼다. 드류 선교사는 자신이 역사학으로 박사과정을 공부했던 버클리 대학에 시신을 기증하여 의학과 과학의 발전에 사용되도록 함으로 최후의 순간까지도 헌신적인 삶을 실천하였다. 그는 사망하기 직전까지 초기 무렵의 정골 의학 또는 동종 요법 의학(Allopathic Medicine)을 기반으로 진료를 하였다. 드류 의사 선교사는 오클랜드에서 1926년 5월 6일에 마지막 진료를 하였고, 샌프란시스코에서는 1926년 6월 16일에 최후의 진료를 했다.[238] 그의 사망 통보는 1927년 2월 4일 자로 캘리포니아 주정부 보건부에 보고되었다.

1920년 무렵만 하더라도 시신 기증은 보편화되지 않았고 극히 일부에만 적용되었다. 이를테면, 부랑자, 사형수, 정신질환자 등의 시신이 해부학용으로 사용되었는데, 그것도 연고가 없는 경우에만 한정되었다.[239] 드류 선교사와 같이 백인이고 의사라는 전문직에 있으면서 가족이 건재한 경우는 거의 해당되지 않았다. 드류 선교사는 전라도 선교지에서 얻

---

238) *San Francisco Bulletin*, Mon., December 13 1926; The Directory of Deseased American Physicians, 1804-1929 for Drew; California, U.S., Death Index, 1905-1939 for Drew.
239) Radoslaw Karas etal, 'Study of Social Awareness Regarding Body Donations for Scientific and Educational Purposes', *Via Medica*, 22 April 2024, 902-910.

은 결핵성 늑막염과 그 후유증으로 말미암아 때로는 사경을 헤매기도 하였고, 결국 선교지로의 복귀가 미루어지다가 그리움만 남긴 채 별세하였다. 의사로서 자신의 몸 상태를 잘 알고 있었기 때문에 의학의 발전을 위하여 시신을 기증하였음이 확실해 보인다.[240]

드류 선교사의 시신은 의학의 발전을 위하여 해부학용으로 기부된 후 화장하여 오클랜드 차임스 채플에 모셔져 있다.

루시 드류 선교사도 화장하여 남편과 함께 나란히 차임스 채플에 모셔져 있다.

240) The Global, Find A Grave Index for Burials at Sea and Other Select Burial Locations, 1300s-Current for Drew.

제6장

나가는 말(Postlude):
먼지가 되어 바람에 날려,
바다로 흘러 흘러
전라도 선교지로

지금까지 드류 선교사에 대한 글들은 제한된 자료에 의존하거나 전설처럼 구전되는 내용들을 중심으로 서술되어 왔던 것이 일반적이다. 드류 선교사와 그 가족에 대한 오해와 무지는 본서를 통하여 상당 부분 해소되리라고 생각된다. 드류 선교사 부부를 포함하여 미 남장로교 선교사 제위들을 연구하면서 공통적으로 드는 생각이 있는데, 그들이 한결같이 자신들을 앞세우고 드러내기보다는 최대한 겸손하게 예수님처럼 섬기려고 했다는 것이다. 그들은 전라도 땅을 좋은 토대라고 생각했으며, 전라도 사람들 위에 군림하지 않고 존경하며 높이려는 자세를 견지하였다. 드류 선교사는 여타의 선교사들보다 더하면 더했지 덜하지 않은 섬김으로 일관하였다. 그는 자신의 생명과도 같은 건강을 희생하면서까지 한 생명의 소중함을 유념하며 헌신하였다.

전라도 선교지로 가려는 그의 염원은 드류 선교사의 삶이었고 신앙이었다. 미 남장로교 파송 선교사들뿐만 아니라 다른 선교부 소속 사역자들을 포함하더라도, 드류 선교사만큼 다양한 신앙적·문화적 배경을 가지고 있는 경우가 많지는 않아 보인다. 그는 영국 잉글랜드 태생으로 주류 청교도주의와 비주류 청교도주의를 모두 섭렵하였다. 더군다나 드류 박사는 비주류 청교도 중에서도 비국교도에 속한 다양한 신앙적 전통들까지 경험하였다. 그가 체득한 개신교 전통들은 장로교, 성공회, 감리교, 근본 감리교, 침례교, 회중교회, 오순절, 성결운동 등이었다.

아울러 드류 선교사의 지리적이며 문화적인 배경은 영국 채널 아일랜드의 다도해를 포함하여 잉글랜드 남해안의 동서로 뻗은 해안선에 이르기까지 넓고도 다양하였다. 영국 잉글랜드의 드넓은 평야지대와 강을 타고 바다까지 이어진 물길도 너무나도 익숙한 환경이었다. 미국으로 이민후 정착한 메클렌버그 카운티의 바다 같은 호수와 대서양으로 흐르는 로녹강도 그에게는 고향에 대한 그리움을 달래면서 많은 것을 배울 수 있게 만든 배경이었음이다.

이러한 유·무형의 배경들은 선교사들이 귀하게 생각할 만큼 좋은 토대 위에서 고귀하게 살아오던 전라도 사람들에게 큰 유익이 되고도 남았던 것이다. 조상 대대로 살아오던 현지인들과 외부에서 들어온 임시거주자들인 선교사들이 함께 어우러져서 괄목할 만한 역사를 이루어 갔으니 참으로 기적과 같은 일이었다. 이런 분위기에서 드류 선교사는 자신의 건강이 내부로부터 무너져 가는 것도 아랑곳하지 않고 헌신하였던 것이다. 그렇다 보니 건강상 전라도 선교지를 떠나는 드류 선교사의 발걸음도 가볍지 않았고, 그를 배웅하는 전킨 선교사의 마음은 주체할 수 없는 비통함이었던 것이다. 미국에서 드류 선교사는 여러 번 사경을 헤매고, 결국 여러 가지를 배려하여 자진 사임의 형식을 취했지만, 그는 여전히 선교사였고 자신의 사역을 감당하였다.

딸의 친구들과 함께한 드류 박사. 드류 선교사의 모습을 보면 행복한 듯 보이면서도 항상 전라도 선교지에 대한 그리움과 열망으로 슬퍼 보인다.

1918년 드류 선교사의 첫째 딸 루시. 그녀는 간호사가 되어 부친처럼 의료인의 길을 걸었다.

드류 선교사의 가족.

1922년의 루시 드류 선교사와 호르텐스 드류 여사. 드류 선교사의 여동생 호르텐스 드류 여사는 교육자, 철학자, 사회활동가로 명성이 자자했다. 버지니아 체이스 시티로부터 대륙횡단 열차를 타고 캘리포니아 오클랜드에 있는 오빠 드류 선교사의 가족을 방문했다. 이때는 드류 선교사의 부친 토마스 드류 목사가 96세였고, 부친이 별세하기 1년 전이었다.

손자와 함께 있는 루시 드류 선교사. 루시 드류 선교사도 전라도 선교지에 대한 그리움과 염원으로 슬퍼 보인다.

검역 의사 제복을 입고 밝게 웃는 드류 박사. 드류 선교사가 들고 있는, 구명복에 쓰여진 아르코넛(Arconaut)이 들어 있는 주소에 2025년 현재까지 그의 손녀가 살고 있다.

    1926년에 드류 선교사는 유언을 남겨서 사후에 의학의 발전을 위하여 해부학용으로 시신을 버클리 대학에 기증하였다. 모든 절차를 마친 그의 유해는 화장되어 차임스 채플에 모셔졌다. 1932년에 루스 드류 선교사도 별세한 후 화장되어 남편 옆에 나란히 놓였다. 필자의 최근 연구를 통하여 드류 선교사 부부가 전라도 선교지로 복귀하는 데 있어 건강 문제가 단연 결정적인 장애가 되었던 것은 기정사실이다. 여기에 드류 박사가 공개적으로 대한독립을 위한 대의의 길에 변함없이 함께하였기 때문에, 1905년의 을사늑약을 통한 외교권 박탈과 1910년의 한일합방을 통하여 한반도를 불법으로 점거한 일제가 드류 선교사를 요주의 인물로 보았을 가능성이 대단히 높다. 대한독립을 염원하는 대다수 한국인들과 같이 드류 선교사도 그날만을 기다리며 인고의 세월을 보냈을 것이다. 드류 선교사의 건강 문제와 함께 일제의 방해도 그가 전라도 선교지로 복귀하는 데 있어 장애가 되었을 가능성이 크다. 드류 선교사 부부는 죽음의 순간 까지도 전라도 선교지에 대한 그리움과 복귀에 대한 염원을 여전히 가지고 있었다. 그들은 먼지가 되어서라도 훨훨 날라서 전라도 선교지로 가고자 했으며, 그들의 재가 바다에 뿌려져서 흘러 흘러 전라도 해안에 닿고자 했던 것이다.

말년의 드류 의사 선교사. 그의 복잡미묘한 감정이 고스란히 표출되고 있다.

| 감사의 글 |

미 남장로교 파송으로 전라도에 와서 선교를 하다가 은퇴한 선교사 제위의 유지를 받들어 초기 선교역사 및 전라도 교회사를 서술해 오고 있었다. 그러던 중에 드류 선교사에 대한 새로운 사실을 기독교 인터넷 신문인『교회와 신앙』에 발표한 때가 2023년 6월 9일이었다. 늘상 해 오던 대로 연구 결과를 대중화하기 위해서 발표해 오고 있던 터라 단순히 독자들과 소통하며 공감하기 위해서 발표했을 뿐이었다. 하지만 평소와는 다른 반응들이 한국에서 답지하여 무척이나 놀랐고 감동이 몰려왔다.

전남 여수에서 목회하시며 다양한 활동들을 펼치고 계시던 신외식 목사님이 연결고리가 되어서 귀한 분들과 만나게 되었다. 현재 안력산의료문화재단의 이사장이신 서종옥 박사님과 국제전화로 통화하면서 여러 정보들을 얻게 되었다. 그는 순천의 위앤장 서내과의 대표원장이며 폭넓은 활동을 통해 전국구로 명망이 있는 분임을 알게 되었다. 그러면서 미 남장로교 의료 선교에 관심을 갖고 드류 선교사에 대하여 연구해 오고 있던 군산 휴내과 대표원장이신 이강휴 원장님과 연결되었다. 이강휴 원장님은 드류 선교사를 존경하고 흠모하기로는 견줄 사람이 없을 정도로 독보적이다. 그래서 필자가 이드류 원장님으로 이름을 지어 드렸다.

그런 인연을 통하여 2023년 7월에 유서 깊은 순천 안력산의료문화재단에서 의료 선교 역사에 대한 세미나를 개최하기에 이르렀다. 당시 그렇게 많은 분들이 열정적인 관심을 보여서 놀라움을 넘어서 충격 자체였다. 온라인과 오프라인을 통해 생중계된 세미나는 큰 반향을 일으켰다. 그 세미나에서 고려대 의대 명예교수이자 한국기독의사회 회장을 역임한 김윤환 교수님을 알게 되었다. 이런 소중한 인연이 한국기독의사회에서 매달 한 번씩 개최하는 골든 밀알 온라인 세미나에서 필자가 가장 많은 강연을 하게 되는 계기가 되었다. 2024년에 온라인과 오프라인으로 진행된 드류 선교사 관련 골든 밀알 강연은 세계 곳곳에서 가장 많은 인원이 참여한 기록을 세우기도 하였다.

이렇게 맺어진 만남을 통하여, 필자가 개척한 '아르메니아 조지아 성지 순례' 현장으로, 또 다른 개척 순례인 '오니가조 역사문화 순례 및 관서지역 성지순례'로, 그리고 새로운 개척 순례로 이어지고 있는 중이다.

군산 성지순례길 해설사들은 드류(유대모) 선교사와 전킨(전위렴) 선교사를 중심으로 펼친 의료사역, 복음사역, 학교사역 등을 순례자들에게 알리는 일에 수고를 아끼지 않고 있다.

선교사 제위의 유지를 받들며 관련 글들을 기록하면서, 필자의 뇌리 속에 남아 있던 근본적인 문제가 '전라도사관'을 통하여 해결된 것은 실로 큰 소득이 아닐 수 없다. '전라도사관'을 통해 미 남장로교 초기 선교역사와 전라도 교회사를 바라보는 관점이 확립되었고, 더 나아가 한국교회사 전체를 바라보는 역사적, 교회사적 관점이 더 풍성한 결실로 이어질 것을 생각하니 감개무량하다. 전라도는 좋은 토대이고, 그곳에 터를 잡고 사는 전라도 사람들은 존경받아 마땅하고 고상한 존재들이다. 이것은 미 남장로교 파송으로 전라도에서 활동한 선교사들의 지침이었으며, 철학이었고, 신념에 근거한 태도였다. 그래서 이런 상호작용을 통하여 세계교회사에서도 유례를 찾아보기 힘든 결실들이 전라도에서 맺혔던 것이다.

부족한 사람을 늘 따뜻하게 맞아 주는 전라도의 모든 분들에게 감사를 드린다. 미 남장로교 전라도 선교의 거점이었던 군산, 전주, 목포, 광주, 순천, 여수 애양원 등 전라남북도의 구석구석에 있는 모든 분들을 포함한다. 드류 선교사는 전라도를 위해 준비된 사람이었고, 전라도의 은인이며 귀한 선물이었다. 드류 선교사의 장녀인 루시도 간호사였고, 루시의 딸인 베티도 간호사로 생명사역을 감당했다. 2025년 기준으로 97세가 된 드류 선교사의 외손녀 베티 브룩스(Mrs. Betty Brookes) 여사는 드류 박사를 가장 많이 닮은 분이다. 그 연세에도 베티 여사는 매일 밤 10시 전후까지 독서를 하며 인문학적인 소양을 넓히고 있다. 할아버지 드류 선교사처럼, 베티 여사도 지리, 역사, 문화 등 인문학 전반에 걸쳐서 조예가 깊다. 베티 여사의 장남인 스티브(Steve)와 차남인 도널드(Donald) 등에게도 감사를 전한다. 특히 도널드 씨는 필자와 온 가족을 연결하는 통로가 된 분이다. 이들을 포함하여 가족 모두가 드류 선교사 부부에 대한 존경심이 말할 수 없을 정도로 깊어서 감동 그 자체다. 드류 선교사의 막내딸인 엘리자벳의 혈통인 도널드 쇼올(Dr. Donald Shauls) 박사는 증조할아버지의 의업을 잇는 유일한 자손으로서의 자부심이 정말 남다르다. 드류 선교사 가문의 모든 분들에게 진심으로 감사드린다.

Soli Deo Gloria!

2025년 3월에 최은수 배상

2025년 97세인 베티 브룩스 여사와 필자가 레익포트에 있는 그녀의 자택에서 만났다. 그녀는 드류 선교사를 가장 많이 닮아서 인문학적인 소양, 삶과 신앙에 있어서 귀감이 된다. 드류 선교사의 장녀인 루시가 그녀의 모친이다. 베티 여사가 할아버지인 드류 선교사를 직접 만나지는 못했지만, 할머니인 루시 드류 선교사와 많은 시간을 보내면서 한국 선교에 대한 이야기들을 들었다. 루시 할머니와 루시 어머니를 통해서 한국어 찬양도 배웠다. 베티 여사는 '예수 사랑하심은'이라는 한국어 찬양을 정확하게 부르신다. 드류 선교사의 부친 토마스 드류 목사도 일란성 쌍둥이, 드류 선교사의 여동생 에바와 호르텐스도 일란성 쌍둥이, 베티 여사도 쌍둥이였는데 한 명은 세상의 빛도 못 보고 죽었다.

최초의 서양 의사
드류 유대모

ⓒ 최은수, 2025

초판 1쇄 발행 2025년 6월 19일
    2쇄 발행 2025년 7월 17일

지은이	최은수
펴낸이	이기봉
편집	좋은땅 편집팀
펴낸곳	도서출판 좋은땅
주소	서울특별시 마포구 양화로12길 26 지월드빌딩 (서교동 395-7)
전화	02)374-8616~7
팩스	02)374-8614
이메일	gworldbook@naver.com
홈페이지	www.g-world.co.kr

ISBN 979-11-388-4392-8 (03230)

- 가격은 뒤표지에 있습니다.
- 이 책은 저작권법에 의하여 보호를 받는 저작물이므로 무단 전재와 복제를 금합니다.
- 파본은 구입하신 서점에서 교환해 드립니다.